Maria Chiara Bettazzi

Il manuale delle bambine

Illustrazioni
di Mirella Monesi

GIUNTI

Indice

Prima sezione: BEAUTY

La pelle	8
Facciamo il sapone	10
Una rilassante abitudine	12
Smile!	14
I capelli	16
Tante idee per la testa	18
Crea il tuo fermacapelli!	22
Un, due… un, due… oplà!	24

Seconda sezione: FAI DA TE

Un po' di fresco!	30
Portauovo o portacandela?	32
Per una luce soffusa	34
Una cascata di stelle	36
La cartapesta	38
Tanti gioielli	40
Mille contenitori!	44
La boule de neige	46

Terza sezione: GIOCHI

Le belle statuine	50
La sfilata delle indossatrici	52
Come modelle	54
L'elastico	56
La corda	60

Quarta sezione: BAMBOLINE

La brava stilista	66
Bamboline da ritagliare e vestire	67

Quinta sezione: LA CASA DELLE BAMBOLE

I pavimenti e le pareti	78
Le finestre e i quadri	80
Le sedie	82
I tavoli	84
I mobili della cucina	86
Il letto	88
Come animare la nuova casetta?	90

Sesta sezione: IN CUCINA

Primi passi in cucina	94
Torta salata	98
Le uova strapazzate	100
La pizza	102
Casa, dolce casa…	104

Settima sezione: FESTA!!!

Un invito speciale	108
Ma che bel servizio da tè…	110
Allegria a centrotavola!	112
Candele galleggianti	114
Una romantica lanterna	116
Tovaglioli artistici	118
Il tè	120
Le faccette biscottate	122
La crostata	124

Sezione I

Beauty

La pelle

La pelle, o epidermide, è il biglietto da visita con cui il tuo corpo si presenta: può esprimere molto sulla tua età, sul tuo stato di salute, addirittura su cosa ti piace mangiare!

Qualche piccola informazione… Si tratta di un "involucro" impermeabile, che non lascia traspirare nulla tranne l'umidità e le sostanze non utili al fisico, che vengono espulse tramite il sudore. Pensa che in una giornata media un adulto può produrre da mezzo litro fin oltre 5 litri di "acqua", e questo non solo in estate, quando il fenomeno è molto più evidente e spesso anche imbarazzante!

La sudorazione, come i brividi, è importante perché mantiene la temperatura corporea a un livello costante, facendoti evitare il rischio di diventare un pezzetto di ghiaccio quando è freddo o una torcia umana, sotto i raggi cocenti del sole.

La nostra pelle è rivestita da una sostanza grassa, definita sebo, che la protegge e tiene lontani elementi nocivi alla nostra salute, come i batteri e i germi. Inoltre contribuisce a mantenere l'epidermide, che è composta per la maggior parte di acqua, a non diventare secca e a rimanere elastica.

Che tipo di pelle hai?

Crescendo, noterai che la pelle assume delle sue caratteristiche particolari che di norma vengono suddivise in quattro categorie:

PELLE GRASSA: se tra qualche anno ti troverai una pelle più lucida, che produce più sebo e che dà spazio agli odiosissimi brufoli, non ti allarmare: comincia già da ora a pulirla regolarmente e in profondità con l'acqua e, se necessario, con gli appositi detergenti, che devono essere massaggiati sul viso e sciacquati via con acqua o con il cotone;

PELLE SECCA: sembra sempre tirata come un tamburo, si squama facilmente e fa assumere, talvolta, al viso un colorito spento e grigiastro;

PELLE MISTA: è quel tipo di pelle che risulta secca o grassa a seconda delle zone del viso e del corpo;

PELLE SENSIBILE: risente in modo particolare degli agenti esterni (freddo, caldo soprattutto), con conseguenti reazioni di vario genere: arrossamenti, allergie e a volte anche prurito. È la pelle più delicata e va trattata con grande cura.

Qualche rimedio della nonna…

Per una pulizia naturale del viso, prendi un cucchiaio di miele e passalo sul viso, massaggiandolo con i polpastrelli come fosse una crema… risciacqua bene e scoprirai quanto è morbida la tua pelle!

Hai la pelle secca, ma non vuoi comprare creme e cremine? Prendi il tuorlo di un uovo (o una banana frullata o della maionese fatta in casa che è senza conservanti), passalo sul viso, con un batuffolo di cotone, tamponando le zone più secche. Quando avrai raggiunto tutte le parti che ti interessa idratare, lascia riposare l'uovo sulla pelle per almeno 10 minuti. Infine risciacqua.

Facciamo il sapone

OCCORRENTE
- glicerina vegetale pronta per saponi (si trova in tavolette);
- oli essenziali profumati (la mamma li può comprare nelle erboristerie);
- coloranti alimentari per dolci (nei supermercati);
- avanzi di sapone colorato;
- stampi per muffin (piccoli dolci americani);
- pentolini per sciogliere i saponi a bagnomaria

♥ Per prima cosa, ricopri il piano di lavoro (e quelli più vicini) con carta da pacchi o di giornale. Risparmierai tempo poi nel riassettare la cucina!

♥ Taglia la tavoletta di glicerina in piccoli pezzettini, mettili in un pentolino in modo che la mamma possa scioglierli a bagnomaria. Per fare questo, deve inserire il pentolino con la glicerina in un pentolino poco più grande nel quale abbia messo due o tre dita d'acqua.

♥ Attenzione, però: non si deve raggiungere l'ebollizione, per cui la fiamma del fornello va tenuta bassa bassa! Quando la glicerina è completamente sciolta, puoi versare qualche goccia di colorante per alimenti insieme a qualche goccia dell'essenza che preferisci.

♥ Intanto con un coltellino o un pelapatate crea delle schegge o dei cubetti o dei trucioli dagli avanzi di sapone colorato e disponili dentro agli stampini da muffin.

♥ Versa infine la glicerina negli stampi e... ora devi solo aspettare che si solidifichi!!!

♥ Se vuoi, oltre ai pezzettini di sapone colorato, puoi aggiungere erbe e fiori essiccati, o anche un pupazzetto di plastica del tuo personaggio preferito (che sia naturalmente lavato e pulito!!!). Inoltre, se non hai degli stampini da muffin puoi usare qualsiasi altro stampo da dolcetti o anche gli stampini da spiaggia, che hanno forme buffe. Le tue saponette saranno irresistibili!

Una rilassante abitudine

Un bel tuffo in una vasca piena d'acqua profumata è sempre molto piacevole... ma non solo! A cosa serve farsi un bel bagno? Che domanda sciocca, risponderete,... a lavarsi! La risposta è esatta, ma non completa. Infatti è certo importantissimo (per non dire fondamentale) tenere il nostro corpo sempre pulito, per evitare che germi e batteri possano trasmetterci qualche malattia (per non parlare di quanto sia più bella una pelle pulita e profumata di una sporca e puzzolente!!!), ma il bagno è anche molto utile per dare al corpo un'occasione in più d'idratazione e nutrimento.

Ecco qualche consiglio per fare del bagno un momento piacevole e divertente: scommettiamo che se renderai partecipe la tua mamma di questi "segretucci naturali" li proverà anche lei?

Il potere rinfrescante e idratante del latte (non solo da bere) era conosciuto sin dall'antichità… donne di stimato fascino come la regina d'Egitto Cleopatra e la matrona romana Poppea erano solite fare il bagno nel latte. Puoi farlo anche tu, prendendo latte in polvere e mettendone una tazza nella vasca, piena di acqua tiepida.

Sempre continuando a saccheggiare la dispensa di cucina, puoi garantirti un ottimo bagno idratante aggiungendo nell'acqua poche (pochissime!) gocce d'olio di semi di girasole o d'oliva. Attenzione però: le quantità devono essere davvero limitatissime, altrimenti uscirai pronta… per essere messa in padella e fritta!

Fatti aiutare dalla mamma a trasformare il piede di un vecchio collant in un sacchettino. Potrai poi riempirlo con diversi ingredienti naturali a seconda del tipo di bagno che preferisci (rinfrescante, rilassante), senza che fiori, erbe e altro intasino lo scarico della vasca.
Per un bagno rinfrescante potrai usare aghi di pino, rosmarino o basilico.
Per un bagno dolce si ricorre alla classica lavanda, ma anche ai petali di rosa o ai fiori di camomilla.

aghi di pino
rosmarino
basilico

Smile!

Qual è il modo migliore di presentarsi agli altri? Un bel sorriso… aperto e disponibile. Tutto questo non basta, però. Ricordati che la bocca è un bene prezioso e come tale va curato e custodito con attenzione. Non dimenticare di fare periodici controlli dal dentista per evitare che qualche stravizio nel cibo o qualche dimenticanza nell'igiene possa portare a un fenomeno molto spiacevole, la placca.

La placca si forma grazie a batteri che giungono alla bocca dal cibo e da altre vie. La sua consistenza è gelatinosa, incolore, resta appiccicata ai denti e, se non viene prontamente rimossa, si decompone ulteriormente dando origine a sostanze acide che attaccano i denti e infiammano le gengive. L'accumularsi degli strati induriti di placca forma il tartaro: un nemico assolutamente da evitare!

Per una buona cura dei propri denti bisogna lavarli tutti giorni sia la mattina, sia la sera prima di andare a dormire, sia dopo ogni pasto principale. Bisogna essere accurati nel lavaggio e utilizzare uno spazzolino in buone condizioni (cambialo almeno ogni due mesi). Attenzione, però: lavare bene i denti non significa sfregare con troppa veemenza… infatti potresti rovinare lo smalto e irritare le gengive. Per un'igiene perfetta bisogna anche completare la pulizia con il filo interdentale, che aiuta a eliminare tutti quei residui che si sono trovati un comodo posticino tra i denti (e sono i più pericolosi!).

Infine, per il benessere della bocca (e per avere un alito sempre fresco), usa anche un buon colluttorio per fare qualche sciacquo. È piacevole e fa molto bene!

Un'idea... Hai in giardino o sul balcone un vaso di salvia? Ne hai trovato dei rametti selvatici in campagna? Prendi qualche fogliolina fresca e strofinala leggermente contro i denti: era un'abitudine delle nostre nonne, poiché la salvia pulisce e rinfresca tutta la bocca!

I capelli

Impara a valorizzare il tuo viso dando importanza alla sua "cornice". Di cosa si sta parlando? Ma dei capelli, naturalmente! L'unica vera cornice naturale di un volto…

Mori, biondi, castani, rossi, lunghi, corti… non importa come tu li preferisca, ma la cosa fondamentale è che tu riesca a curarli in modo da mantenerli sani e splendenti.

Il lavaggio è un momento molto particolare, da eseguire con cura. Per prima cosa si devono bagnare bene i capelli, poi versare una piccola quantità di shampoo sulle mani e spalmarla su tutta la testa, avendo cura di distribuirla sia verso il cuoio capelluto che verso le punte massaggiando bene. Con un po' d'acqua puoi far aumentare la schiuma, continuando a frizionare dolcemente i capelli. Infine bisogna risciacquare, con molta attenzione, perché non rimanga nessun residuo di shampoo nei capelli. L'acqua deve essere tiepida e abbondante. Ricorda, non essere frettolosa nell'eseguire questa operazione (anche piuttosto piacevole, in realtà!).

Se la tua chioma era molto sporca, ripeti l'operazione un'altra volta… altrimenti ti potrà bastare un solo shampoo. Asciuga ora con molta attenzione, senza usare troppa forza nel frizionare la testa con l'asciugamano.

Qualche ricetta della nonna
Per prenderti cura della tua chioma in modo naturale segui questi metodi che hanno alle spalle una lunga tradizione. Se hai i capelli grassi, dopo lo shampoo puoi usare due cucchiai di birra o di aceto o di succo di limone, distribuendoli su tutta la superficie e massaggiando. Ricordati di sciacquare con cura, per togliere l'odore penetrante di questo particolare balsamo!

Se hai la forfora (sì, proprio quell'antipatica neve che si vede a occhio nudo sulle spalle quando porti una maglia scura!) puoi usare due cucchiaini d'olio, massaggiando tutto il cuoio capelluto e distribuendolo su ogni ciocca. Anche in questo caso, la cura nel risciacquo deve essere elevatissima, perché altrimenti i capelli potrebbero rimanere unti.

Tante idee per la testa

Dopo esserti occupata della salute dei tuoi capelli, ora puoi pensare a come acconciarli. Esistono molte possibilità, una più bella dell'altra: scegli quelle che più si adattano alla tua capigliatura e al tuo viso. Ma prima, un tocco di classe: ecco come fare un bel fiocco!

♥ Fai una coda di cavallo e fermala con un elastico. Passa il nastro attorno alla coda e stringi bene il nodo.
♥ Ora fai due occhielli, facendo passare quello di sinistra sopra e quello di destra sotto.
♥ Tira forte e poni le estremità del nastro verso il basso.

La codina

È un'acconciatura molto semplice che può fare chi ha i capelli medio-lunghi.

♥ Raccogli i capelli dall'altezza delle orecchie e forma una codina dietro la testa, chiudendola con un elastico o con il tuo fermaglio.
♥ Una variante è la codina arrotolata, più raffinata e adatta ai capelli più lunghi. Bisogna raccogliere i capelli come prima e poi attorcigliarli su se stessi.
♥ Avvolgili poi in modo da formare una piccola cipolla. 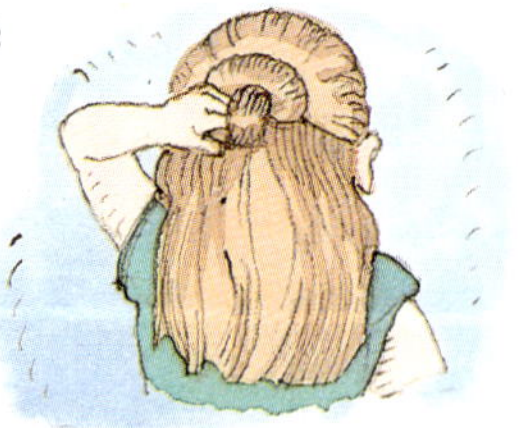
♥ Ora ponici il tuo dito indice al centro, prendi la codina e falla passare attraverso il centro. Con questo nodo, la codina rimarrà salda anche senza fermagli.

La coda di cavallo

Probabilmente è l'acconciatura più diffusa tra chi ha i capelli lunghi. Può essere alta, bassa, sulla nuca o di lato. Per definirne lo stile (elegante o sportivo) basterà cambiare l'elastico o il fermacapelli.

La coda chic

♥ Per rendere più elegante una qualsiasi coda o codina, esiste una piccola variante molto semplice da fare. Basta fare una coda di cavallo, tenendo l'elastico o il fermaglio morbido.

♥ Infila ora un dito nei capelli subito al di sopra dell'elastico e, afferrando la coda, falla passare da sotto e tirala fuori dal foro aperto col dito sopra l'elastico. Più difficile a dirsi che a farsi!!!

La coda francese

Per chi ha capelli abbastanza lunghi esiste una versione della coda un po' più ricercata. Ecco come si fa:
♥ Per prima cosa raccogli una piccola coda in cima alla testa, proprio come si fa per la codina. Se pensi di mettere nastri nell'acconciatura, inserisci ora il primo nastro.
♥ Sotto alla codina riprendi altre due ciocche di capelli e forma un'altra codina. Ora lega anche queste.
♥ Infine raccogli con l'ultimo elastico (o nastro) tutti i capelli rimasti all'altezza della nuca.

I codini

È molto facile fare i codini.
♥ Basta fare una riga in mezzo con il pettine, fino alla nuca.
♥ Poi raccogli i capelli ai lati e legali in due code.

♥ Puoi variare i tuoi codini, decidendo di farli più alti o più bassi, ma saranno comunque bellissimi!

Lo chignon

Lo chignon è una pettinatura molto classica e raffinata, per la quale occorrono capelli piuttosto lunghi.
♥ Per prima cosa fai una normale coda di cavallo.
♥ Attorcigliala ora su se stessa e avvolgila attorno alla base della coda avendo cura di tenerla il più vicino possibile alla testa con una mano.
♥ Fai in modo che l'estremità della coda sia nascosta sotto la parte esterna (l'ultimo giro di capelli) dello chignon.
♥ Infine fissa tutto con delle mollette, prendendo sia i capelli dello chignon, sia quelli della testa.

Le trecce

Come si fa a fare una treccia? È più semplice di quanto non sembri.
♥ Per prima cosa fai una coda di cavallo e dividila in tre parti uguali.
♥ Comincia facendo passare la ciocca destra di capelli sopra quella in mezzo e continua sempre nello stesso modo.
♥ Infine lega la treccia con un elastico o con un bel fermaglio.
♥ Vuoi abbellire ulteriormente la tua treccia? Dopo aver fatto la coda di cavallo e averla legata con un lungo nastro, dividi i capelli in due ciocche.

♥ Fai la treccia utilizzando come terza ciocca il nastro, che alla fine ti servirà per chiudere la tua treccia!

Ora che sai fare una treccia ti puoi sbizzarrire in varie acconciature: le treccine (due, ma anche tante piccole piccole), uno chignon con la treccia, una treccia che passa sopra il capo come una coroncina oppure due chignon ai lati del capo come due roselline... e tante altre ancora!

La treccia francese

È una versione della treccia più difficile, ma molto carina.

♥ Per prima cosa devi prendere una ciocca di capelli dalla cima della testa e dividerla in tre parti uguali.

♥ Comincia a passare la ciocca di destra sopra quella al centro.

♥ Passa poi a quella di sinistra e continua aggiungendo alla ciocca di destra altri capelli.

♥ Allo stesso modo, aggiungi altri capelli alla ciocca sinistra e passali sopra la ciocca centrale.

♥ Questa treccia è molto difficile da fare da sole ma, se puoi contare sull'aiuto di una tua amica o di un adulto, vedrai che non ci saranno brutte sorprese.

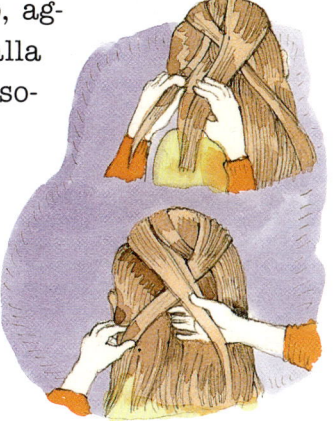

Crea il tuo fermacapelli!

Occorrente
- un fermaglio; filo di rame; elastici; nastri di raso o gros grain; forbici; ago e
- filo; un po' di smalto trasparente (da stendere sulle estremità dei nastri per
- non farle sfilacciare)

Il fiocco

♥ Prendi due pezzi del nastro che più ti piace, tagliandoli almeno di 20 cm. Piegane uno come nel disegno e appoggialo sul fermaglio.

♥ Prendi l'altro pezzo di nastro, passalo sotto il fermaglio e annodalo intorno al primo.

♥ Fai slittare il nodo, in modo da portarlo sotto al fermaglio (così non sarà visibile).

♥ Se vuoi arricchire il tuo fiocco, puoi sovrapporre al primo nastro altri, di dimensioni più piccole e di colori differenti. Avrai così un fermacapelli ricco e variopinto!

Un riccio tra i capelli

♥ Scegli un nastro largo almeno 4 cm e lungo.

♥ Dopo avere spennellato con un po' di smalto le estremità per evitare che si sfilaccino, cuci vicino al bordo una fila di punti, possibilmente lunghi intorno 0,5 cm.

♥ Con molta delicatezza devi ora tirare il filo, facendo arricciare il nastro.

♥ Quando hai raggiunto l'arricciatura desiderata, taglia il filo e cuci le due metà del nastro lungo la parte arricciata.

♥ Infine cuci il nastro arricciato al fermaglio!

Una bella coroncina

Per una festa importante, o per un'occasione molto particolare, ecco una bella soluzione piacevole e preziosa.

Occorrente
- nastro adesivo verde; filo metallico rivestito in plastica verde
- (lo trovi nei negozi per giardinaggio) lungo circa 45 cm; un bel mazzo
- dei fiori che più ti piacciono (non troppo grandi né profumati)

♥ Inizia chiudendo un'estremità del filo di metallo ad anello e ricopri il punto di giuntura con il nastro adesivo. Piega l'altra estremità a forma di uncino.

♥ Prendi un fiore, con circa 2,5 cm di gambo e mettilo sul filo metallico, avvolgendo poi il nastro adesivo in modo da prendere sia il gambo che il filo metallico.

♥ In questo modo aggiungi tutti i fiorellini a tua disposizione fino a coprire l'intero filo metallico. Dopo aver fatto ancora qualche giro con il nastro adesivo, taglialo.

♥ Ora, facendo molta attenzione, piega il filo metallico fino a formare un cerchio.
Inserisci l'uncino dentro l'anello, chiudendo così la corona.

♥ Se hai utilizzato fiori freschi per confezionarla, è meglio che tu la appenda in un luogo fresco e asciutto per qualche giorno.

Un, due... un, due... oplà!

Vuoi divertirti in compagnia facendo un po' di ginnastica? Allora infilati le scarpe da tennis e scegli un po' di buona musica di sottofondo, che sia ben ritmata.
Iniziamo allora con il riscaldamento.

♥ Comincia con una piccola corsa sul posto, saltellando a ritmo della musica, tenendo la schiena dritta e le braccia lungo i fianchi. Se hai spazio a disposizione puoi anche fare qualche giro di corsa, prima a passo lento, poi via via accelerando, ma mantenendo sempre un ritmo costante.

♥ Ora in piedi, con le gambe divaricate più o meno in linea con le spalle, la pancia in dentro, alza verso il cielo le braccia, alternandole, come se dovessi raccogliere una mela da un albero.

♥ Piega la schiena dritta davanti a te, chinati e allunga il braccio, tendendolo come se dovessi allontanare qualcosa.

♥ Ripeti 10 volte per parte, muovendo ciascun braccio teso in una rotazione a formare un semicerchio...

♥ In piedi, appoggiati a un sostegno (una sbarra, una ringhiera o la spalliera di una sedia), piega leggermente un ginocchio e fletti all'indietro l'altra gamba afferrandoti il piede, piegandola verso la natica (attenta all'equilibrio!!!). Tieni il tempo in questa posizione, contando fino a dieci.

♥ Attenzione, non inarcare la schiena e non cercare di toccare il sedere con il piede. Ora cambia gamba e ripeti l'esercizio.

♥ Seduta, con le gambe piegate e divaricate, con le piante dei piedi che si toccano, spingi le ginocchia verso il terreno con i gomiti. Tieni la posizione e conta fino a 10.

♥ Mettiti a carponi o, se riesci, è ancora meglio se ti appoggi sui gomiti. Il tuo collo deve essere allineato alla colonna vertebrale, il ventre in dentro. Appoggia il ginocchio sinistro sul polpaccio destro.

♥ Tenendo strette le natiche, solleva il ginocchio sinistro all'altezza del fianco, tenendo il piede a martello (a 90°). Fermati per qualche secondo e poi fai scendere lentamente la gamba nella posizione di partenza. Ripeti più volte e poi cambia gamba.

Alleniamo anche i piedi!

♥ Seduta sul pavimento, stendi una gamba e afferra la punta del piede con la mano. In questa posizione comincia a muovere braccio e piede disegnando in aria un cerchio con la caviglia. Ripeti più volte, sia in senso orario sia in senso antiorario. Ora cambia gamba e ripeti.

♥ Un esercizio di rilassamento per i piedi consiste nel prendere una lattina o una bottiglia e metterla sotto la pianta del piede, facendola rotolare almeno 15-20 volte. I piedi stanchi vi ringrazieranno!!!

Sezione II

Fai da te

Un po' di fresco!

Per allietare le giornate calde o i giochi all'aperto, ecco dei semplicissimi ventagli, che la tua fantasia e la tua bravura potranno rendere splendidi!

Occorrente
- un foglio sottile di carta da regalo colorata o bianca che potrai disegnare e decorare tu (35 x 45 cm circa);
- un piatto grande; matita; colla; forbici; filo di lana e
- nastro adesivo

♥ Il foglio di carta deve essere sottile come la carta da macchina da scrivere o da fotocopiatrice, non di più, altrimenti ti sarà molto più difficile piegarlo.

♥ Appoggia il piatto all'angolo del foglio con la parte piana verso il basso e disegna l'arco dell'orlo del piatto su due angoli del foglio, in modo da avere un arco uniforme.

♥ Piega il foglio a fisarmonica: prima all'indietro, alternando il davanti e il retro del foglio. Ogni piega dovrà avere una larghezza non superiore a 2 cm.

♥ Arrivata alla fine del foglio, avrai una striscia di carta grossa e spessa. Piegala nel mezzo, in modo che le due estremità del foglio che hanno l'arco si ritrovino all'esterno, perfettamente allineate.

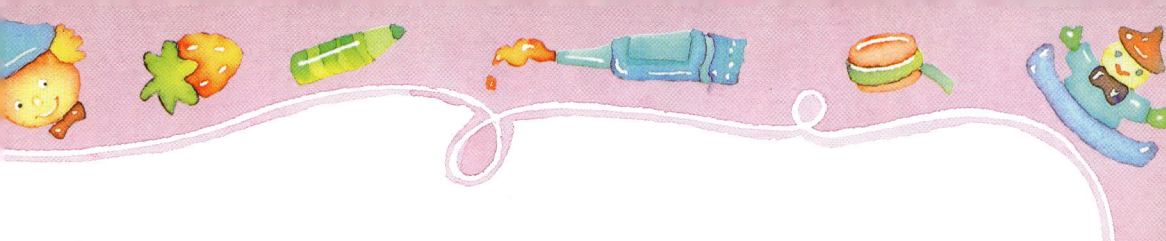

Per mantenere chiuso bene il ventaglio, incolla le due pieghe che si toccano in centro.

♥ In fondo alla piegatura si trova una fessura, nella quale puoi fare passare il filo di lana e annodarlo, per appendere il tuo ventaglio quando non lo usi, oppure se decidi di utilizzarlo come decorazione.

♥ Infine, col nastro adesivo trasparente (se vuoi prenderlo colorato, cerca una tonalità che si addica alla fantasia del ventaglio), fai due giri nella parte bassa della striscia, stringendola e lasciando invece che il ventaglio si apra a... ventaglio!

Portauovo o portacandela?

Occorrente
- carta metallizzata non infiammabile; metro da sarta;
- forbici americane (a lame seghettate);
- nastro adesivo o colla

♥ Con il metro da sarta misura la circonferenza dell'uovo (o della candela) a cui vuoi fare il sostegno.

♥ Taglia sulla carta metallizzata una striscia che sia 1 cm più lunga della circonferenza misurata e larga almeno 2,5 cm.

♥ Riporta su un foglio di carta il modello che preferisci tra quelli qui sotto, avendo cura di ingrandirlo in modo che la lunghezza e l'altezza siano pari alla striscia metallizzata.

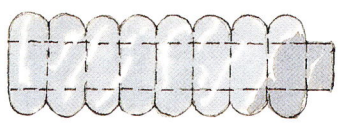
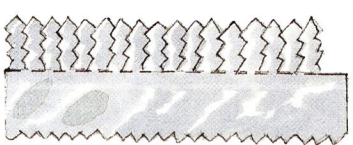

♥ Taglia il modello ricavato e, con un oggetto appuntito, ripassa i contorni del disegno sopra la carta metallizzata e ritagliala.

♥ Usa le forbici americane, qualora tu voglia i bordi del tuo sostegno tutti seghettati...

♥ Ora fai combaciare le due estremità, formando un anello e fermalo con il nastro adesivo o con la colla.

♥ Apri le alette e appoggia il tuo uovo o la candela.

♥ Attenzione: non è un sostegno molto resistente e puoi utilizzarlo anche solo come abbellimento.

Per una luce soffusa

OCCORRENTE
- un foglio di alluminio rigido;
- carta da ricalco;
- nastro adesivo

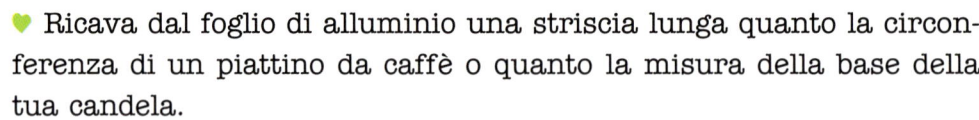

💚 Ricava dal foglio di alluminio una striscia lunga quanto la circonferenza di un piattino da caffè o quanto la misura della base della tua candela.
Sulla carta da ricalco riporta il modello che ti presentiamo sopra, avendo cura di ingrandirlo (e modificarlo) secondo le dimensioni della tua candela.

♥ Con il nastro adesivo attacca il modello all'alluminio e appoggia tutto sopra una pila di giornali o comunque su una superficie rigida e non "sforacchiabile".
Infatti a questo punto, con un oggetto appuntito (puoi prendere un ferro da calza, o un ago da lana o un compasso) fai tanti piccoli puntini leggeri, fino a tracciare i contorni e i disegni del modello.

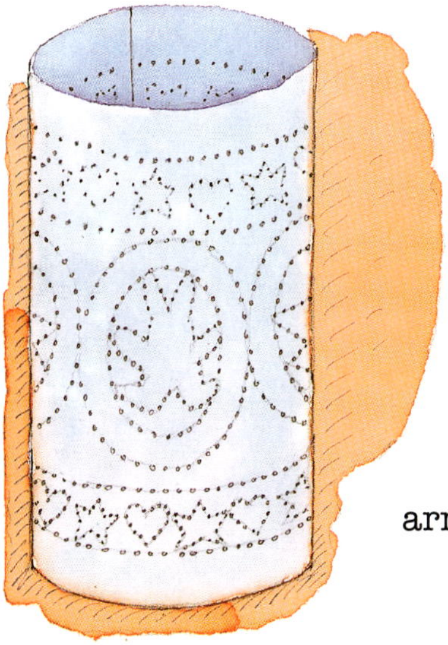

♥ Chiudi la striscia d'alluminio con il nastro adesivo, formando un bel cilindro, che potrai appoggiare su un piattino o sulla superficie di base della candela.
Ora accendi la candela e vedrai la luce passare dai fori e creare sulle pareti tanti bei decori! Per un miglior effetto, si consiglia di usare una candela la cui fiamma arrivi a circa metà del cilindro.

♥ Attenzione: in commercio la carta d'alluminio rigida è normalmente argentata, ma potete trovarla anche dorata, soprattutto in prossimità del Natale...

Una cascata di stelle

OCCORRENTE
- carta da lucido; cartoncino per cartamodello; carta d'alluminio argentata; filo
- argentato; nastro sottile d'argento

♥ Ricalca lo schema della mezza stella sulla carta da lucido piegata e riportalo sul cartoncino. Ritaglia ora il modello ottenuto.

♥ Con questo cartamodello, ritaglia 40 stelline d'alluminio e 40 di cartoncino argentato; taglia 8 strisce di filo argentato lunghe 50 cm.

♥ Attacca con il nastro adesivo una stella di alluminio e un cartoncino, lasciando il filo in mezzo, a circa 20 cm dalla cima di ogni filo.

♥ Lasciando un po' di filo in mezzo, attacca altre quattro stelle (e relativi cartoncini) lungo ogni striscia di filo.

♥ Ora disegna sul cartoncino argentato due stelle a otto punte, in questo modo.
Fai un quadrato di 18,5 cm di lato e appoggia su questo un altro quadrato uguale, girato di 45° (fatti aiutare da un adulto e da un goniometro). Ripassa i contorni esterni e ritaglia.

♥ Fai un buchino su ogni punta della stella.

Passa ciascun filo per il foro e con un nodino fissalo all'estremità della stella.

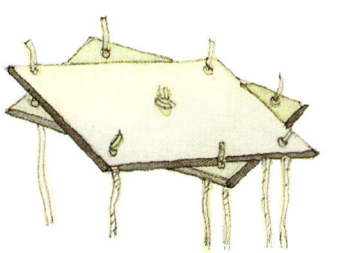

♥ Ora appoggia la seconda stella a otto punte sulla prima in modo che il suo rovescio sia contro il rovescio della prima, all'interno. Incollale, oppure fissale con nastro adesivo.

♥ Infine fai due bei fori al centro della stella a otto punte e fai passare il nastro d'argento, con il quale potrai legare la tua cascata dove preferisci!

La cartapesta

Con un po' d'esercizio e d'esperienza, la cartapesta consente di creare e rinnovare tanti oggetti. Esistono due modi di operare, entrambi molto molto facili.

Il primo è il metodo a strati ed è adatto quando si ha uno stampo da ricoprire, come per esempio una maschera, o un oggetto da rivestire. Prendi carta di giornale e fanne tante strisce. Scegli l'oggetto che vuoi rivestire o lo stampo che ti serve per crearne uno nuovo. Su ogni striscia stendi una grande quantità di colla e poi appoggiala all'oggetto (o al calco) da ricoprire.

Il secondo metodo, un po' più lungo, ma anche molto più duttile, consiste nella preparazione di un impasto che poi viene modellato secondo la forma voluta. Questa tecnica è adatta per fare statuette o vasetti o comunque oggetti plasmati e modellati in base alla tua fantasia.

Prendi alcuni fogli di giornale, riducili in piccoli pezzi (quadratini con un lato non più grande di 5 cm) e mettili in una bacinella con acqua tiepida. Lasciali a macerare per almeno un giorno. Passato questo tempo, togli l'acqua e aggiungi la colla, mescolando fino a che non ti troverai tra le mani una poltiglia modellabile.

Quale colla usare? Puoi scegliere tra la colla da parati, che si trova in polvere e va disciolta nell'acqua, oppure fare una colla del tutto casalinga, e altrettanto valida.

In un pentolino metti una tazza di farina e aggiungi tre tazze d'acqua lentamente, continuando a mescolare mentre cuoce l'impasto (chiedi aiuto a qualcuno in questa fase di cottura). Porta a bollore a fuoco lento, finché non diventa denso. Ora devi solo lasciarlo raffreddare e poi sarà pronta la colla per la tua cartapesta.

Ora conosci la tecnica della cartapesta... nelle pagine seguenti troverai qualche idea per metterla in pratica con brillanti risultati. Al resto, penseranno i colori e la tua fantasia!

Tanti gioielli

Con la cartapesta puoi creare moltissimi gioielli e accessori per la tua bellezza e per regalarli alle tue amiche. Nelle pagine precedenti trovi i vari procedimenti per la lavorazione della carta, in più devi aggiungere qualche colore e tanta fantasia.

Braccialetti

♥ Cerca un tubo di cartone della dimensione giusta per il tuo polso e ricavane dei cerchi.

♥ Imbottiscilo con la carta velina e rivestilo con il procedimento della cartapesta, finché non sarà dello spessore che desideri.

♥ Se non trovi un tubo adatto, costruisci un anello con delle strisce di cartone.

♥ Quando il tuo bracciale è asciutto, è il momento della fantasia!

♥ Prima di decorare, però, ricordati di passare una mano di vernice bianca. Soltanto in seguito potrai utilizzare i colori che preferisci.

♥ Infine, per completare il tuo bracciale, stendi una mano di vernice trasparente e lucida: lo proteggerà e ne evidenzierà la bellezza!

Collane

Inventa la collana dei tuoi sogni! Con la cartapesta puoi creare tanti tipi differenti di perline e di ciondoli.

♥ Per creare le perline, prendi una matita, cospargila di olio di vaselina e arrotolale intorno tante striscioline di carta imbevute di colla.

♥ Lascia che si asciughino e poi sfilale. Ora colorale e rifiniscile con la vernice trasparente.

♥ Altrimenti puoi modellare delle perline facendo l'impasto di cartapesta e poi ricavando tante perle delle forme e dimensioni che vuoi. Ricordati di fare un foro con un oggetto appuntito (un sottile ferro da calza, per esempio).

♥ Ora non ti resta che infilare le tue perle nell'apposito filo e chiudere con un fermaglio (si trova nei negozi specializzati).

Orecchini

♥ Costruisci i tuoi orecchini, utilizzando l'impasto di cartapesta e dando loro le forme che preferisci, ma ricordando di lasciare sempre il verso dell'orecchino piatto, in modo da poterci attaccare la chiusura.
♥ Oppure ritaglia dal cartone la forma che più ti piace.
♥ Prendi piccoli pezzi di carta, spiegazzali e attaccali sulla superficie del cartone, per creare una sorta di imbottitura.
♥ Ora spalma alcuni strati di colla e lasciali asciugare.
♥ Decora i tuoi oggetti e, infine, incolla le chiusure.

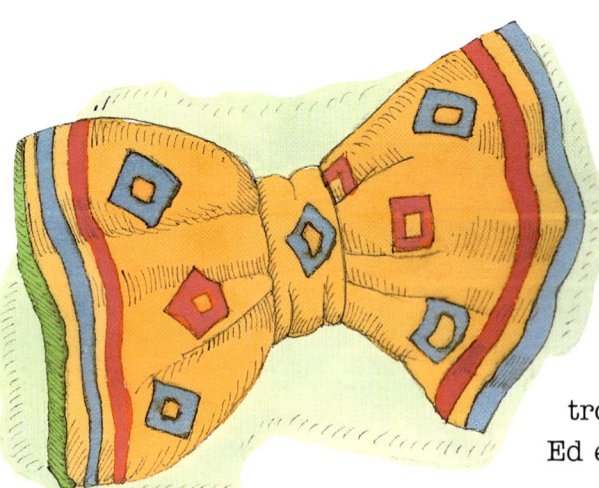

Fiocco per capelli

♥ Incolla insieme alcune strisce di carta di quotidiano.
♥ Piega le estremità verso l'esterno e forma un fiocco.
♥ Aggiungi intorno al centro un'altra striscia di carta. Ed ecco pronto il fiocco!

43

Mille contenitori!

Con la cartapesta puoi costruire delle bellissime ciotole, dei vasi e anche delle brocche, utilizzando alcuni "stampi", come bottiglie, scatole e anche palloncini.

♥ Per prima cosa, dopo che hai deciso quale tipo di vaso vuoi creare e scelto il giusto stampo, devi cospargerlo di vaselina o di olio. Questo ti consentirà, in seguito, di staccare la tua creazione dallo stampo senza grande fatica.

♥ Comincia ora a mettere le strisce di carta e a cospargerle di colla. Ci vogliono almeno 5 o 6 strati di carta per ottenere degli oggetti del giusto spessore. Con l'impasto di cartapesta puoi decorare il tuo vaso, magari modellando qualche figura e fissandola sugli strati di carta con colla e altre striscioline.

♥ Lascia asciugare bene: in media ci vogliono almeno due o tre giorni. Togli delicatamente il tuo nuovo vaso dallo stampo. Puoi tagliare i bordi del vaso, magari dando loro una forma originale e, finalmente, tutto è pronto per la decorazione.

♥ Prepara il fondo stendendo una mano di vernice bianca. Quando si è asciugata, decora il vaso come preferisci. Infine passa una mano di vernice trasparente, utile sia per proteggere sia per dare luminosità alla tua creazione.

♥ Se costruisci il vaso partendo da un palloncino, ricordati che la ciotola che ne risulterà non può stare in piedi da sola! Devi dunque provvedere, costruendo tre o quattro coni di cartone che potrai aggiungere al palloncino, quando questo sarà già stato ricoperto di strisce di carta...

♥ Una volta incollati i coni, rivesti ancora una volta tutto il tuo vaso e poi passa alla decorazione.

La boule de neige

Con questo oggetto stupirai amiche e genitori... non è facilissimo da fare, ci vuole attenzione, ma i risultati saranno davvero splendidi!

Occorrente
- un barattolo di vetro con coperchio
- (meglio tondeggiante, da conserva);
- una sferetta di spugna per fioristi
- (ma va bene anche una pallina di gommapiuma);
- un rametto di fiori di plastica;
- sacchettino di plastica; palline di naftalina;
- brillantini; nastro di raso; un pestacarne; degli
- stuzzicadenti; colla attaccatutto; nastro biadesivo

♥ Taglia la pallina di spugna, in modo da avere una "montagnetta" alta circa 1,5 cm e incollala con l'attaccatutto alla parte interna del coperchio del barattolo.

♥ Ora con lo stuzzicadenti fai un foro al centro della gommapiuma. Metti sulla punta del rametto di fiori un po' di colla e infilalo delicatamente nel foro.

♥ Metti 4 o 5 palline di naftalina in un sacchetto di plastica, chiudilo e, con un pestacarne o un oggetto ugualmente pesante, pestale fino a ridurle in polvere.

💚 Versa la polvere nel vasetto, insieme a un po' di brillantini. Riempi ora il vasetto di acqua fin quasi all'orlo e chiudilo bene (fatti aiutare da un adulto).

💚 Rivesti il bordo del coperchio col nastro biadesivo e appoggiaci sopra con attenzione il nastro di raso. Fai un bel fiocchetto e… voilà la tua boule de neige!

💚 Ora puoi scuoterla delicatamente e vedrai cadere la neve.

Sezione III

Giochi

Le belle statuine

Ecco un gioco facile facile, che può essere fatto a casa e in giardino e che ti garantirà tanto divertimento. Non occorre nulla, solo una gran voglia di ridere e un po' di movimento.
Più sarete e più sarà divertente.

♥ Per prima cosa si sceglie un capogioco, che verrà sostituito a turno, o con una conta o magari per sorteggio (prepara dunque tanti bigliettini quanti sono i tuoi amici).

♥ Il gioco è molto semplice: quando cessa la musica, tutti i partecipanti si devono fermare esattamente nella posizione in cui sono. E non possono assolutamente muoversi!!!

♥ Il ruolo del capogioco è fondamentale, perché prima deve ordinare ai giocatori di compiere determinati movimenti a suon di musica (per esempio:

"Giocatori, scalate una montagna!") e poi decidere il momento in cui stoppare la musica. Naturalmente, per rendere il gioco più vivace, starà attento a trovare l'attimo in cui tutti i compagni sono nelle posizioni più assurde.

♥ Chi non riesce a rimanere immobile per tutto il tempo stabilito dal capogioco e si muove (o cade!) viene eliminato dal gioco.

♥ Si può anche decidere di fare le belle statuine "a tappe", nel senso che il capogioco potrà aprire e chiudere la musica velocemente, aumentando i ritmi dei cambi di posizione e le soste saranno sempre più difficili da mantenere nell'assoluta immobilità.

La sfilata delle indossatrici

A chi non piacerebbe provare a sfilare su una bella passerella? Petto in fuori e pancia in dentro e via... con passo lento, ma deciso. Prima di provare a diventare una modella, però, sfida le tue amichette in questa strana prova di abilità e vedrai che non è affatto facile camminare e correre con il portamento da mannequin!

♥ Con una conta o un'estrazione si sceglie un capogioco.

♥ Ogni "indossatrice", escluso il capogioco, deve avere un libro. All'inizio del gioco se lo deve appoggiare sulla testa e tenerlo in equilibrio.

♥ Con il sottofondo di una musica, tutti i giocatori devono compiere un percorso prestabilito e, allo stop della musica dato dal capogioco, si devono inginocchiare senza che il libro cada dalle loro teste.

♥ Il capogioco durante il percorso ordinerà ai partecipanti alcuni movimenti particolari, come per esempio: "Inginocchiatevi con un solo ginocchio!", "Camminate facendo roteare un braccio!", "Camminate tenendo una mano dietro la schiena!". E sarà tanto più bravo quanto più farà "sgobbare" le "indossatrici".

♥ Per rendere il gioco ancora più difficile si può decidere di aumentare via via la velocità della musica, in modo che aumenti il rischio di fare cadere il libro.

Come modelle

Dopo avere giocato alla sfilata delle mannequin, organizza una vera sfilata di moda.

Cosa serve per diventare modella? Per prima cosa gli abiti! Prendi dal tuo guardaroba (o da quello di tua mamma, di tua sorella o di qualcun altro… ma sempre chiedendo il permesso) qualche capo di abbigliamento che ti piace molto, qualche grande telo o un foulard.

Con questi pochi elementi potrai ricavare dei nuovi vestiti, per esempio trasformando il foulard in una gonna o in un vestito allacciato al collo (come si usa per i parei). Inventa qualche acconciatura particolare, con le idee che hai trovato all'inizio del libro e gli accessori che hai in casa (lo sai che da un piccolo telo puoi inventare un turbante molto chic?).

Ricava nella stanza uno spazio lungo che diventerà la tua passerella e poi, elemento fondamentale, cerca una musica che sia adatta alla tua sfilata personale.

Il gioco è molto divertente quando lo si fa in un bel gruppetto di amiche, potendosi scambiare accessori e capi d'abbigliamento e inventandosi qualche movimento particolare da fare tutte insieme sulla passerella.

Un facile esercizio per ottenere un elegante portamento da modella (ma soprattutto la giusta postura del tuo corpo): mettiti in piedi davanti allo specchio, con le gambe leggermente allargate e le braccia lungo i fianchi. Tieni il mento dritto e distendi il collo come se avessi un peso sopra le spalle, che dovrai spingere verso il basso. Contemporaneamente porta indietro la pancia e il sedere, piegando leggermente le ginocchia.

Questa posizione esercita il tuo corpo a stare dritto e non è solo un ottimo modo per sembrare più bella ed elegante, ma per abituarsi ad assumere posizioni corrette.

L'elastico

Il gioco dell'elastico è uno dei più famosi e conosciuti in tutti i Paesi, perché si basa su un principio semplicissimo: saltare vicino a un ostacolo (l'elastico, per l'appunto) senza toccarlo. Da questa semplice azione, si sono sviluppati tanti modi di giocare, tutti assai divertenti.

♥ Procurati un elastico a fettuccia, lungo circa 5 metri e annodalo alle due estremità in modo che formi un anello. Il nodo deve essere saldo e forte, in modo che non si sciolga sul più bello.

♥ Si gioca almeno in tre persone: due tengono l'elastico e l'altro salta secondo varie combinazioni, stando attento a non sbagliare. Comunque si può giocare anche in tanti, facendo i turni.

♥ Il modo più semplice è tenere l'elastico alle caviglie, poiché risulta più facile saltare e compiere i vari movimenti all'esterno o all'interno dell'elastico.

♥ Però andando avanti con la pratica si può anche tenere ai polpacci, alle ginocchia, a metà coscia, alle anche e alla vita.

Alcune di queste "figure" te le suggeriamo noi, ma il bello del gioco è anche che ci si può accordare per inventarne delle nuove. Se a giocare si è in più di tre, puoi proporre un piccolo torneo, passando dalle varianti più facili, con l'elastico alla caviglia, a quelle più difficili, magari pensate proprio dai partecipanti.

♥ Salta a piedi uniti dentro l'elastico tenuto dai due compagni. Poi con un balzo devi uscire dall'elastico a gambe divaricate. A seconda degli accordi con gli altri giocatori, devi rientrare e riuscire in questo modo per due o tre volte e poi fermarti con i piedi dentro (naturalmente, più è alto l'elastico, più è difficile tenere i piedi uniti!)

♥ Ora salta, in modo da cadere con le gambe divaricate e i piedi sull'elastico, schiacciandolo. E torna di nuovo dentro l'anello (anche questa combinazione si deve ripetere più volte).

♥ Ora mettiti davanti all'elastico e con un salto va sopra il primo lato dell'anello, poi sul secondo. Senza voltarti dovrai rifare la stessa cosa all'indietro, tornando sul primo e poi saltando fuori dall'elastico.

♥ Con i piedi uniti accanto all'anello allungato dell'elastico, salta in modo da lasciare un piede dentro e uno fuori, con l'elastico in mezzo ai piedi.
Da lì devi spostarti in modo da avere l'altro lato dell'anello tra i piedi.

Queste sono solo alcune delle possibili combinazioni che si possono attuare, prova a inventarne tu delle nuove!!!

La corda

Il gioco della corda è stato per tanto tempo un classico "gioco da femmine", finché non si è capito che è davvero divertente e difficile. Inoltre sono molti gli atleti che usano la corda per la loro preparazione e per allenare le loro gambe.

Con la corda si può giocare da soli, in due, in tre ma anche in molti…

La corda ormai si trova già pronta nei negozi, provvista di manici di legno o di plastica, ma la puoi creare anche da sola, con uno spago grosso o con i rami più leggeri di arbusti rampicanti intrecciati a piante più grosse (tra l'altro se sono attaccati agli alberi liberate i fusti da un ospite indesiderato che li soffoca!).

Naturalmente, per potere saltare in molti dovrai fornirti di una corda più lunga.

Come si salta la corda? Si può saltare a piedi uniti, a piedi alternati, con un piede solo, con un doppio passo (come fanno gli atleti).

Se si gioca da soli, basta già velocizzare il ritmo per rendere tutto più difficile, o provare a saltare a occhi chiusi o in corsa. Altre difficili varianti: far passare la corda a destra e a sinistra del corpo oppure incrociare le braccia, saltando nel cerchio che si forma con la corda!

In due si può decidere di saltare tenendo ciascuno un capo della corda, affiancati, oppure l'uno di fronte all'altro. In entrambi i casi si possono provare tutte le modalità del salto, stando ben attenti a mantenere lo stesso ritmo, altrimenti diventa davvero difficile!

Come si gioca in tanti?

Due tengono la corda e gli altri, uno dopo l'altro devono saltarla secondo modalità e difficoltà prestabilite. Chi sbaglia deve cedere il posto al successivo e va a sostituire uno dei due che tiene la corda, il quale, a sua volta, si mette in fondo alla coda per saltare.

Un ulteriore modo di rendere sempre più arduo il gioco consiste nell'aumentare via via il ritmo di giro della corda: impegnativo sia per chi la deve saltare, ma anche per i due che la devono girare perché, più aumenta la velocità, più è difficile muoverla contemporaneamente.

Per stabilire i record di salto con la corda basta contare quanti salti si riescono a fare senza sbagliare: prendendo un buon ritmo si possono raggiungere cifre esorbitanti!

Di solito, poi, le gare di corda si accompagnano con le filastrocche, quelle conosciute da tutti, che servono sia a distrarre chi salta, sia allo stesso tempo, a dargli il ritmo.

Prova anche tu con i tuoi amici e le tue amiche:

*Otto bambini si tengon per mano
saltano giocano fanno baccano
corrono in fila stretti a catena
volano insieme sull'altalena,
nessuno la mano dell'altro molla
appiccicati son con la colla,
se cade uno cadon di sotto
tutti quanti fino a otto:
ma sempre ognuno rimane sano.
Porta fortuna tenersi per mano.*

(Luciana Martini)

63

Sezione IV

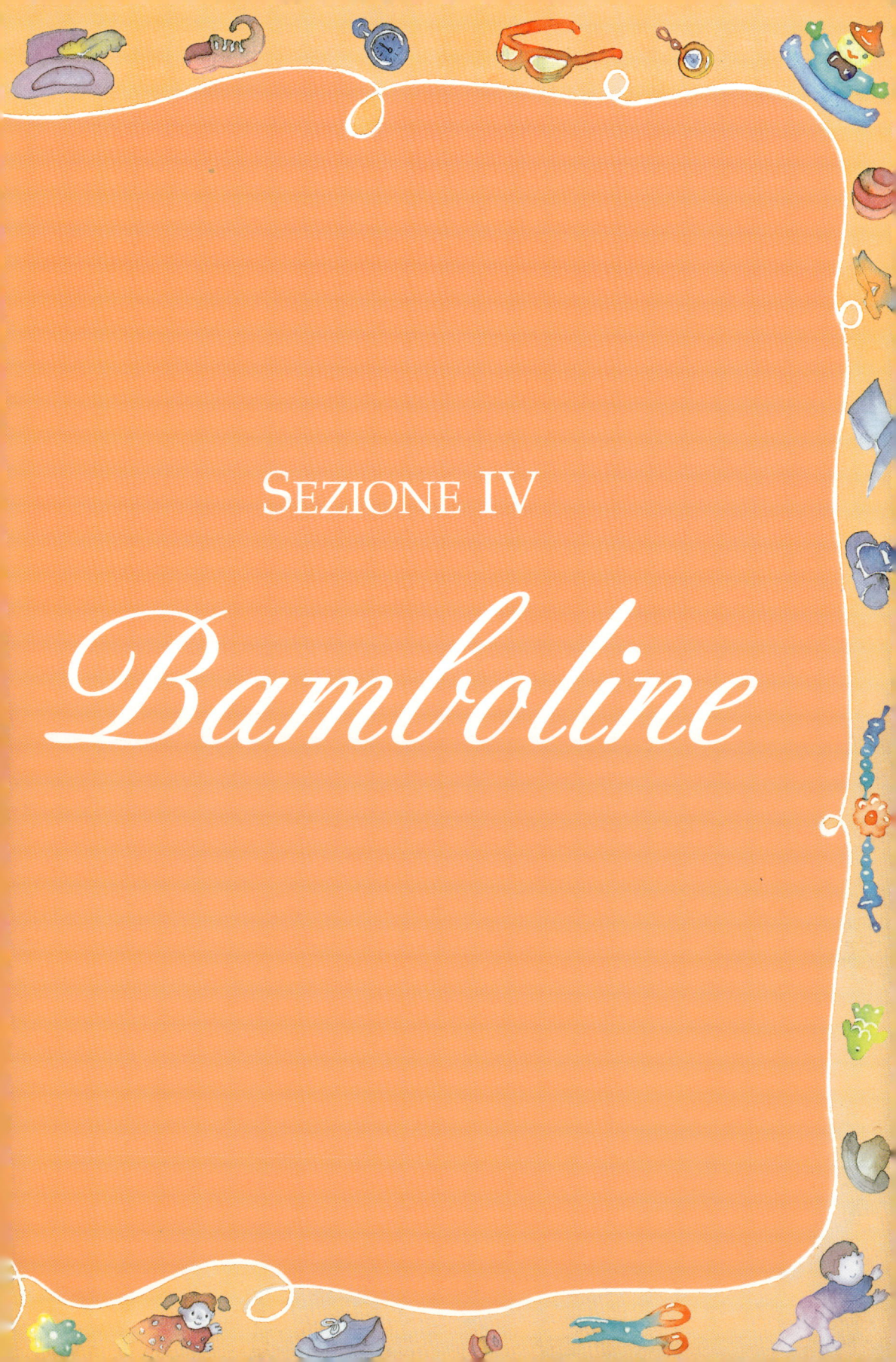

Bamboline

La brava stilista

OCCORRENTE
- un cartoncino; forbici; colla; fogli bianchi da disegno non troppo spessi;
- matite colorate; pennarelli

♥ Ritaglia le sagome delle bamboline disegnate nelle pagine seguenti. Incolla la superficie del cartoncino e appoggiala sopra. Lascia asciugare e poi ritaglia la bambolina, avendo molta cura nel profilarne i contorni.

♥ Ora hai una bellissima modella! Non ti resta che ritagliare gli abiti che ti proponiamo, stando molto attenta a non togliere le alette che li accompagnano. Infatti grazie a loro potrai vestire la tua bambola come più ti piace, accostando camicie, gonne, abiti da sera e accessori vari.

♥ Ma il divertimento non finisce qui! Appoggia la bambolina e, sopra di lei, un foglio di carta bianca al vetro di una finestra... ora puoi ricavare nuovi abiti secondo la tua fantasia. Ricordati di aggiungere le alette, in modo da poterle poi fissare al corpo della bambola.
Con i colori che preferisci, inventati le fantasie per i tuoi capi di abbigliamento più esclusivi...
Il gioco è fatto... ora la passerella è tutta tua!

piegare

incollare nel retro della bambola

piegare

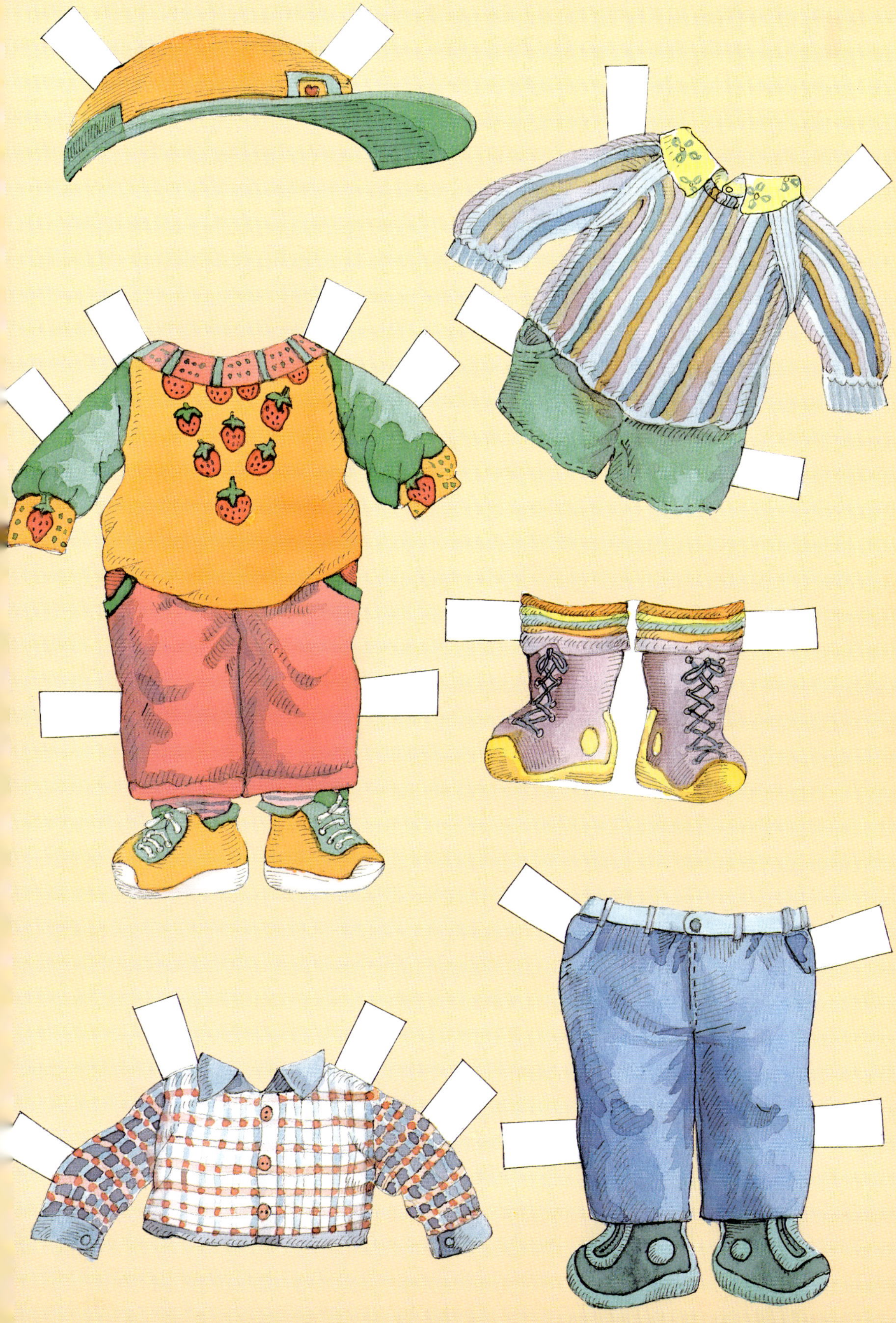

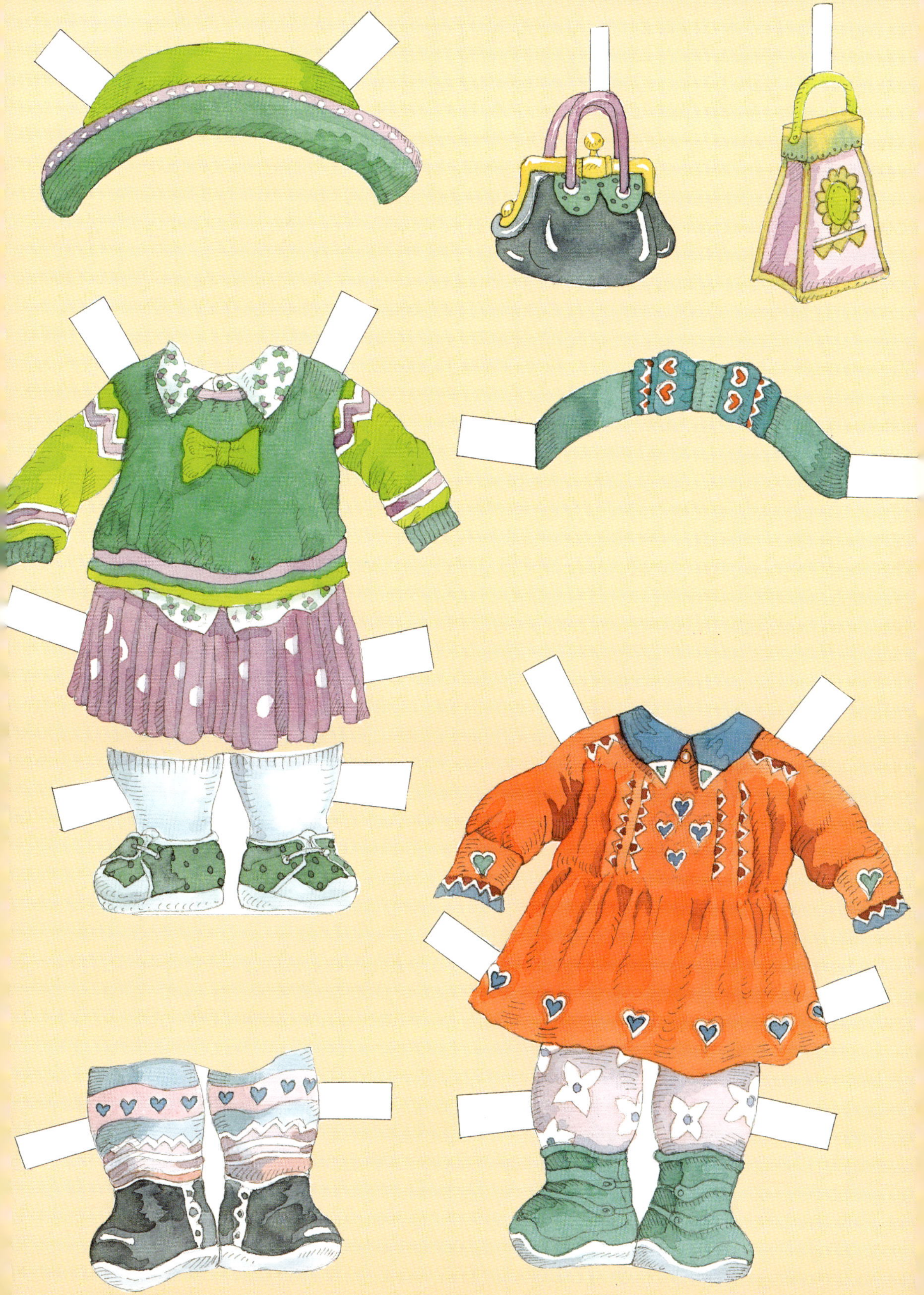

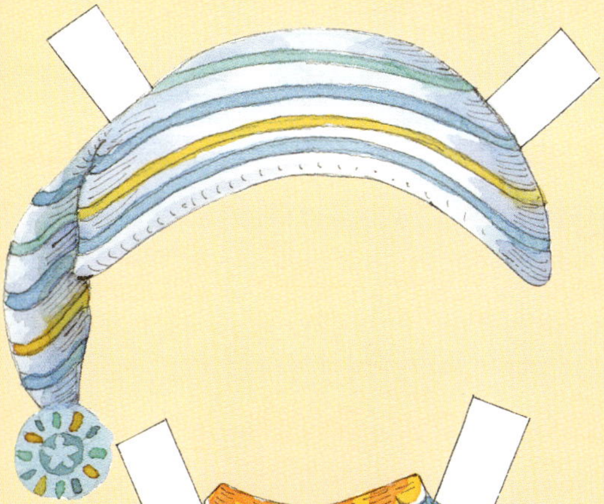

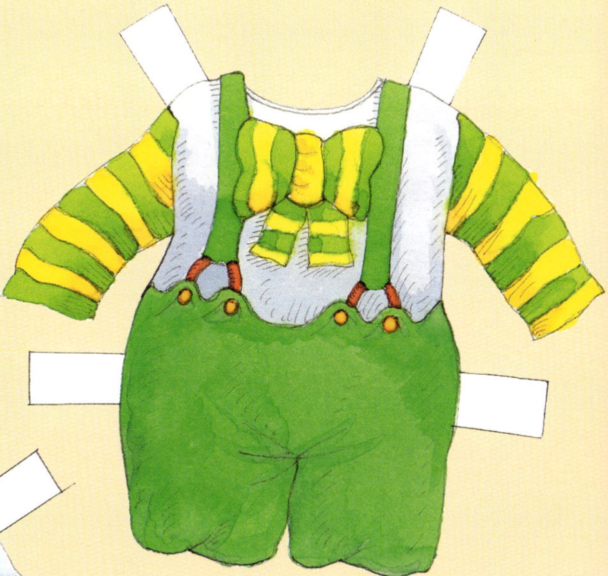

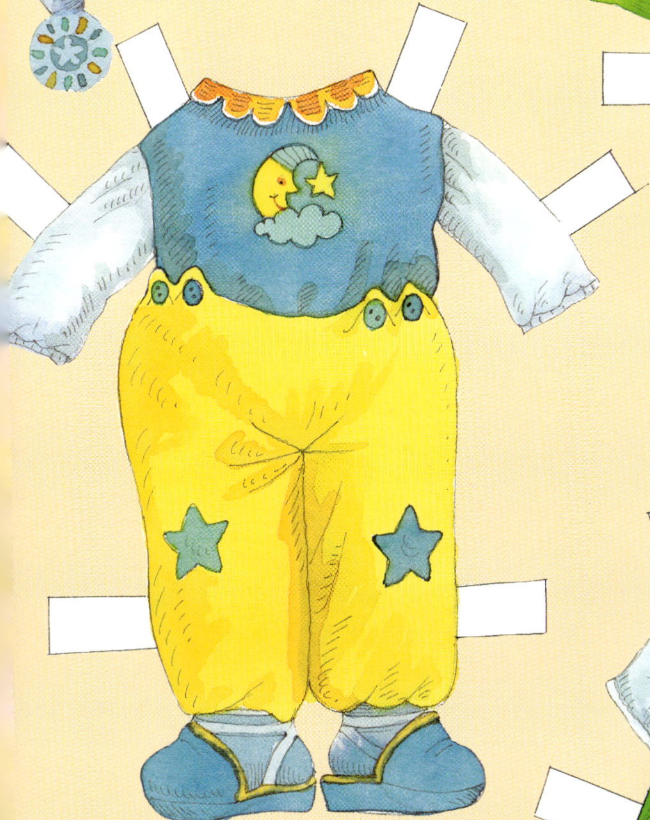

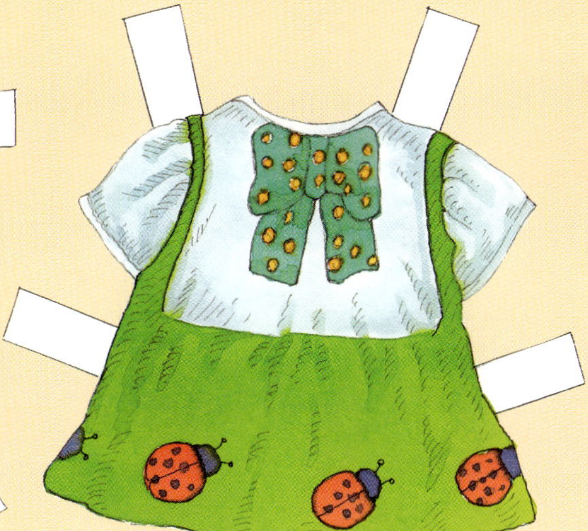

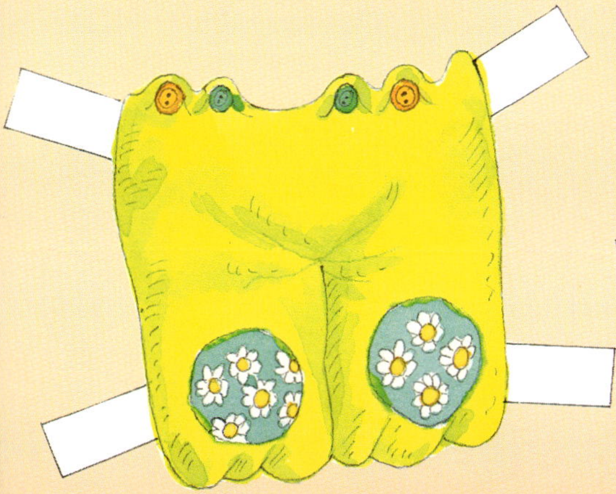

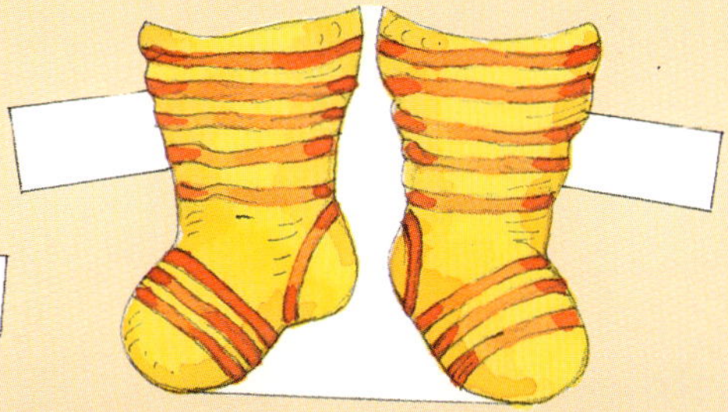

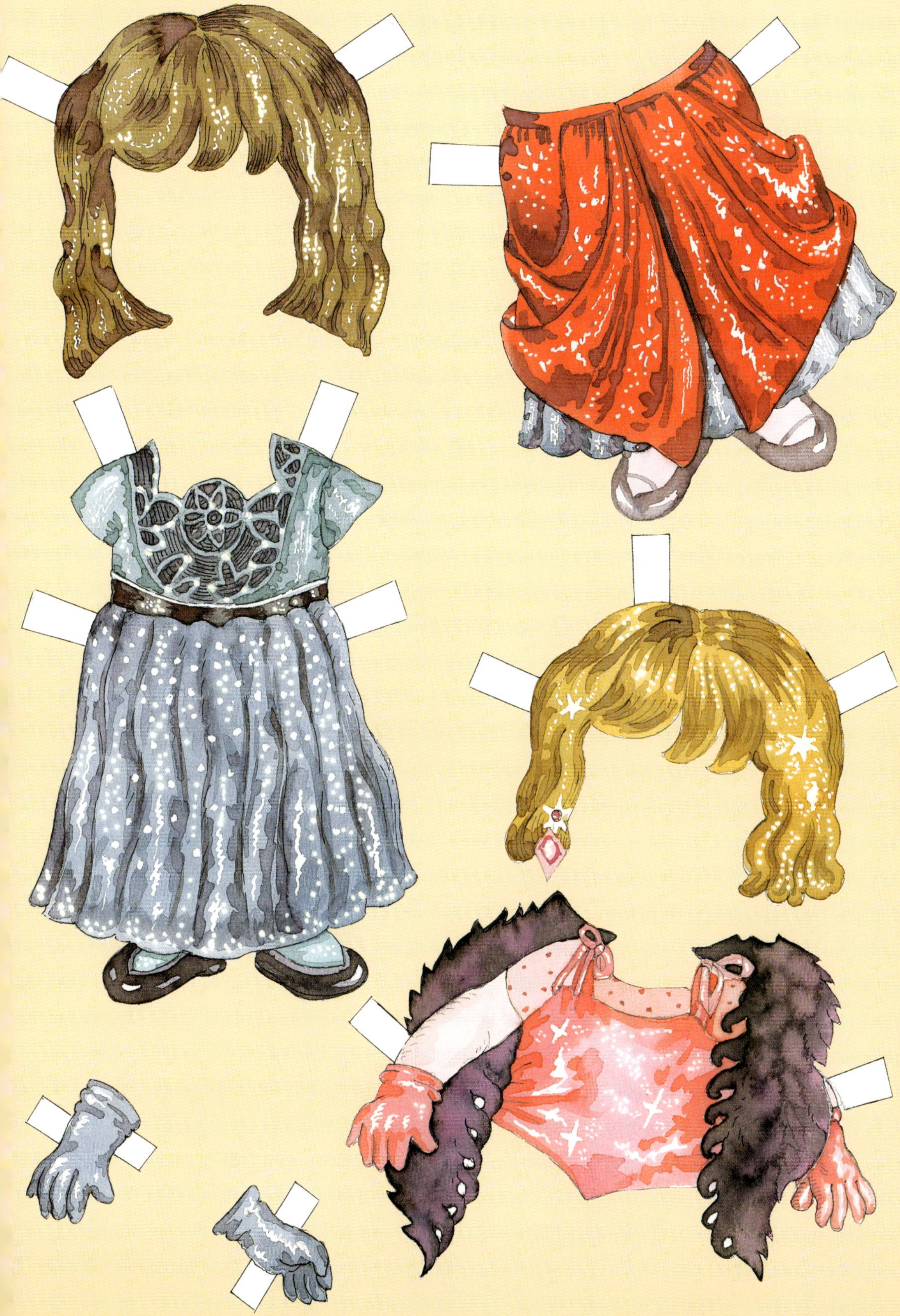

Sezione V

La casa delle bambole

I pavimenti e le pareti

OCCORRENTE
- tavolette di compensato di pioppo dello spessore di 5 mm (per la base una tavola di 55 x 30 cm; per la parete di fondo una tavola di 55 x 20 cm; per le pareti laterali due tavole di 30 x 20 cm);
- archetto da traforo e seghette; carta vetrata fine; chiodini a spillo per modellismo, lunghi 10 mm; colla vinilica; martello; matita; riga; squadra; vernici lavabili per legno; carte colorate autoadesive o da regalo

♥ Traccia il modello delle singole parti sul legno con matita, riga e squadra.
Con la seghetta taglia i rettangoli e con la carta vetrata fine pulite ed elimina eventuali residui.
Unisci le pareti della stanzetta con i chiodini da modellismo e la colla, come nel disegno.

♥ Una volta fissati il pavimento e le pareti, puoi procedere con la scelta dei rivestimenti.

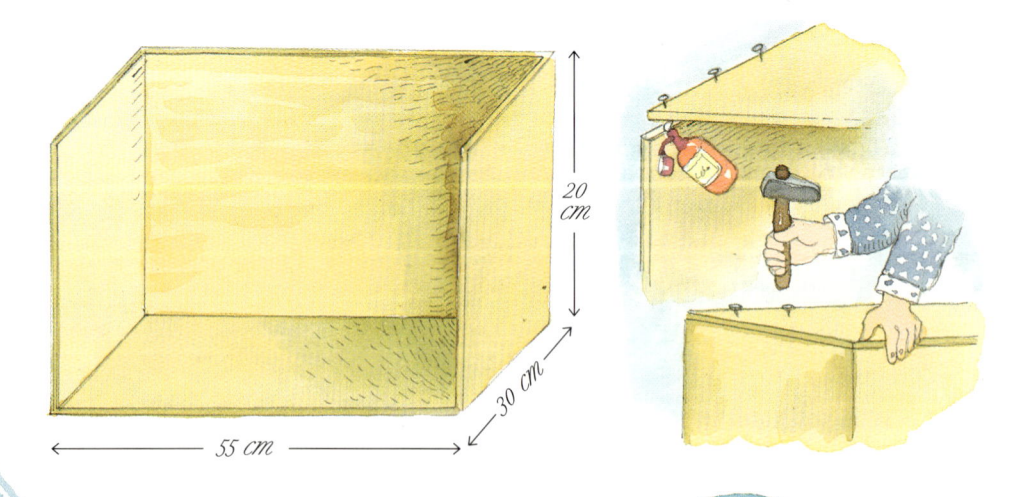

Infatti è assai importante decidere come vuoi che siano le pareti e il pavimento della stanza, poiché creano l'atmosfera e lo stile dell'ambiente.

♥ Le pareti possono essere dipinte con vernici lavabili (quelle che si utilizzano per gli appartamenti esistono anche in confezioni molto più piccole). La loro particolarità è che si diluiscono con l'acqua, senza bisogno di ricorrere a solventi particolari e, in genere, pericolosi.

♥ Un'alternativa può essere l'uso di una carta decorata, che puoi acquistare in cartoleria. È consigliabile l'utilizzo dei rotoli di carta decorata autoadesiva, per evitare di dovere usare la colla, ma attenzione alle bolle d'aria che sono molto antiestetiche. Tra le fantasie di questi rotoli, puoi trovare anche l'imitazione del legno, con la quale inventare dei bellissimi pavimenti di parquet!

♥ Se il parquet non ti piace, allora scegli una carta autoadesiva a tuo piacimento o, per stanze più ricercate, anche un pezzo di peluche: avrai così una bellissima moquette. Due avvertimenti, se desideri ottenere un effetto credibile: scegli un peluche a pelo corto, stando attenta a prendere l'esatta misura della superficie da ricoprire. Inoltre, ricordati che non conviene fissare la pezza con collanti o chiodini, perché così si potrà facilmente sostituire o lavare, nel caso si sporchi o prenda troppa polvere.

Le finestre

OCCORRENTE

- cartoncino di medio spessore di colore grigio chiaro o bianco (recuperato da scatole di cioccolatini, creme ecc); plastica autoadesiva marrone;
- pezzettini di tessuto leggero (per le stanze più romantiche anche pizzo sangallo); stuzzicadenti

♥ Dal cartoncino grigio taglia con precisione un rettangolo delle dimensioni di cui vuoi la finestra (per es. 10 x 8 cm). Puoi anche disegnare il tuo paesaggio preferito: mare, montagna, tramonto...

♥ Con la plastica marrone taglia delle strisciline della larghezza di mezzo centimetro, che attaccherai ai bordi del cartoncino grigio, formando il telaio della finestra.

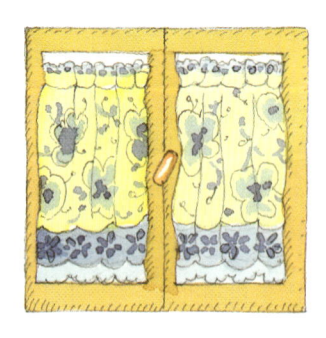

♥ Le tendine possono essere fatte in vari modi, proprio come nelle case vere! È meglio scegliere tessuti leggeri, con piccole fantasie o a tinta unita. Prendi uno stecchino e infilalo nel bordo superiore della tendina (se ne vuoi una) o delle tendine (se ne vuoi due), fissandolo con ago e filo: otterrai così l'arricciatura delle tende, da fermare

mantovana

con un nastrino. Con una piccola striscia del tessuto delle tende puoi fare anche una mantovana, attaccandola sul lato superiore della finestra come nel disegno.

♥ Una volta terminate le finestre, attaccale alla parete con colla vinilica (o eventualmente con chiodini) se le vuoi fissare in modo permanente; mentre se le vuoi spostare a tuo piacimento utilizza delle puntine da disegno.

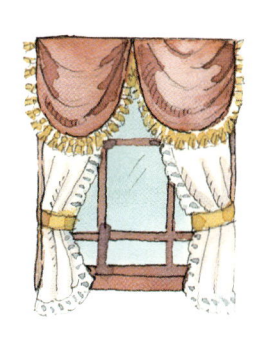

Le sedie

OCCORRENTE
- compensato di pioppo spesso 3 mm e 5 mm; martello; chiodini da modellismo (lunghi 10 mm); colla vinilica; matita; colori ad acqua oppure colori all'anilina; ritagli di stoffa

♥ Quali sono le parti che compongono una sedia? La spalliera e le gambe, per le quali serve il legno di 5 mm; il sedile, per il quale serve il legno di 3 mm.

♥ Nel disegno si possono vedere alcuni tipi di spalliera, tra i quali quello con il cuoricino in mezzo, quello tondo e quello semplice quadrato: possono essere dipinti oppure, con l'aiuto di un adulto, si può usare il traforo per intarsiarli. Allo stesso modo, con traforo e carta vetrata si possono assottigliare o lavorare le gambe delle sedie.

♥ Con il traforo sega i vari pezzi, puliscili con la carta vetrata e poi comincia a unirli. Parti dal sedile e dalla spalliera, che vanno attaccati piantando due chiodini sotto il sedile, facendoli sporgere verso l'alto, in modo che, dopo avere cosparso lo spessore della spalliera con la colla, si possano con qualche colpetto conficcare nella spalliera (aiutati con il disegno a destra).

♥ Per inserire le gambe, invece, pianta altri due chiodini facendoli entrare dal lato alto del sedile, in concomitanza alla posizione in cui saranno le gambe. I chiodi dovrebbero sporgere da sotto.

♥ Spalma di colla lo spessore e appoggia il pezzo sui chiodini. Con leggeri colpi di martello falli entrare nelle gambe.

♥ Per concludere l'opera, puoi verniciare le gambe, preparare piccolissimi cuscini, magari in tinta con le tende, oppure decorare con piccoli disegni il sedile e la spalliera.

♥ Con lo stesso principio, modificando un poco il modello, puoi ricavare anche un bel divano, avendo poi l'accortezza di creare morbidi cuscini per ricoprirlo.

I tavoli

OCCORRENTE
- compensato di pioppo spesso 3 mm e 5 mm;
- martello; chiodini da modellismo (lunghi 10 mm);
- colla vinilica; matita;
- colori ad acqua oppure colori all'anilina

♥ Ricava i pezzi del tavolo, segando il legno con il traforo: per le gambe, alte 6 cm, usa la tavoletta da 5 mm, mentre per il piano (6 x 7 cm) quella da 3 mm.

♥ Pulisci bene le estremità con la carta vetrata.

♥ Per unire le parti, traccia sul piano del tavolo le due diagonali.

♥ Con un righello segna su ogni diagonale un punto a 1/1,5 cm dall'angolo. Sui quattro punti che si formeranno, pianta quattro chiodini.

♥ Intanto spalma con la colla il lato superiore delle gambe e ponilo sotto il piano del tavolo, sulla linea dei due chiodini. Con piccoli colpi di martello fai entrare i chiodini nel pezzo delle gambe.

♥ Segui lo stesso procedimento con l'altro pezzo delle gambe.

♥ Lascia alla colla il tempo sufficiente per asciugarsi; poi, se vuoi, dipingi il tavolo.

I mobili da cucina

OCCORRENTE
- compensato di pioppo spesso 3 mm e 5 mm;
- martello; chiodini da modellismo (lunghi 10 mm);
- colla vinilica; matita;
- colori ad acqua oppure colori all'anilina;
- cartoncino grigio

♥ Per fare la cucina a gas servono cinque pezzi di legno: due uguali per il davanti e il dietro (10 x 8 cm, spessore 3 mm), uno per la parte superiore con il piano cottura (11 x 6 cm, spessore 3 mm); due per le parti laterali (8 x 5 cm, spessore 5 mm). L'unione delle parti si effettua con colla e chiodini, seguendo il metodo già visto per le sedie e il tavolo. Dopo avere unito tutte le parti, disegna sul piano del mobile i fornelli e, sulla parte davanti, il forno e le sue manopole. In alternativa, puoi ritagliare dal cartoncino grigio quattro piccoli cerchi per fare i fuochi della cucina. Un consiglio? Preparane due del diametro di 3 cm, uno del diametro di 2 cm e uno del diametro di 1,5 cm.

♥ In questo stesso modo puoi ricavare anche l'acquaio della cucina, ma prima di tutto devi procurarti una o due vaschette che facciano proprio il lavandino. Come trovarle? Puoi utilizzare la plastica che si trova nelle scatole di cioccolatini, ricavando una doppia vasca, oppure piccoli contenitori di prodotti alimentari. Quando avrai trovato la vasca dell'acquaio, potrai ricavare il mobile, seguendo lo stesso modello descritto sopra.

♥ Incolla la vaschetta sul mobile ed esegui le ultime rifiniture: disegna con un leggero tratto di pennarello colorato le ante del mobile sotto l'acquaio e sistema i due pomelli di apertura degli sportelli, che potranno essere due puntine da disegno o due bottoncini incollati.

8 cm
5 cm
15 cm

Il letto

Occorrente

- compensato di pioppo spesso 3 mm e 5 mm;
- martello; chiodini da modellismo (lunghi 10 mm);
- colla vinilica; matita;
- colori ad acqua oppure colori all'anilina

♥ Ecco le parti di cui hai bisogno per creare un bel lettino (vedi il modello qui sotto): testiera (7 x 9 cm, spessore 3 mm), pediera (5 x 9 cm, spessore 3 mm), due pezzi laterali (20 x 2 cm, spessore 5 mm), tre listelli di fondo (9 x 1,5 cm, spessore 3 mm). Volendo puoi sostituire i tre listelli (che servono per sostenere il materasso) con un pezzo unico di 20 x 9 cm, sempre di 3 mm di spessore.

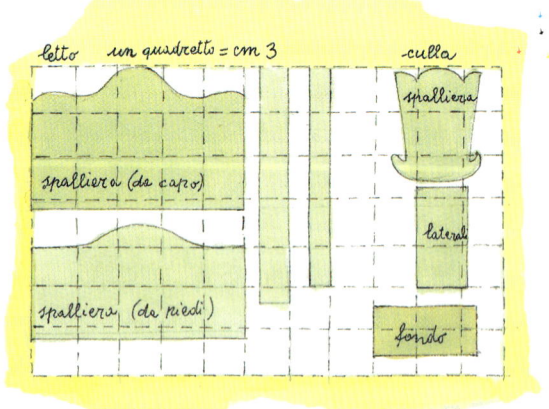

♥ La testiera e la pediera possono essere due semplici rettangoli, oppure, con l'aiuto del traforo e della carta vetrata, avere una forma più arrotondata o fantasiosa come vedi a destra.

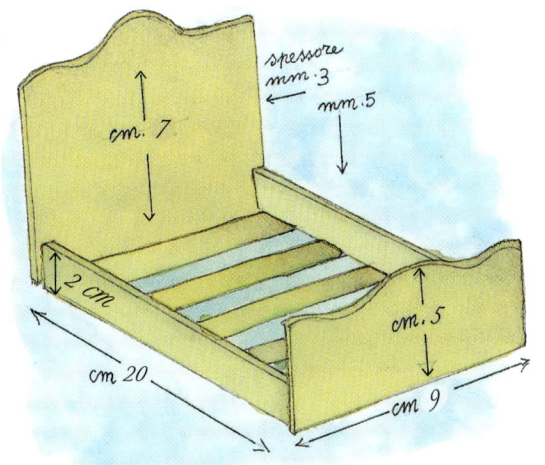

♥ Il montaggio avviene come per i mobili già descritti, facendo attenzione a incollare gli spessori prima di conficcare i chiodi. Così il letto risulterà molto più stabile.

♥ A questo punto, non resta che fare un bel materasso con due ritagli di stoffa delle dimensioni del letto, che puoi cucire su tre lati, imbottire con ovatta e poi chiudere. Allo stesso modo, puoi fare il cuscino e, con altri scampoli di stoffa, prepararti un bel corredo di lenzuola.

♥ Per la costruzione della culla procedi con lo stesso criterio, seguendo le istruzioni del disegno. Per il fondo della culla puoi servirti di un pezzo unico di 8 x 15 cm, sempre di 3 mm di spessore.

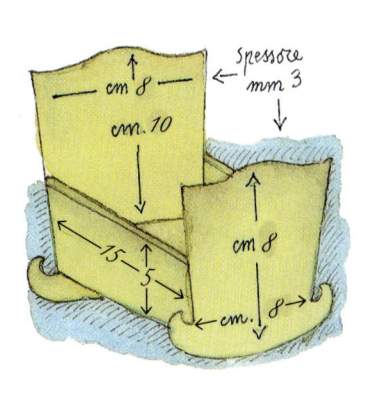

Come animare la nuova casetta?

Prima di tutto, con i modelli dei mobili che hai trovato nelle pagine precedenti, ti puoi sbizzarrire creando anche altri mobili, tavolini più piccoli (da salotto o utilizzabili come comodini), credenze per la cucina, armadi, divani e via arredando!

Ma i mobili non bastano per completare questa piccola abitazione: bisogna riempirla di tante altre cose.

Ecco alcune piccole idee.

Quadri: utilizzando un cartoncino abbastanza spesso o qualche avanzo del compensato di pioppo, crea con le tempere delle piccole opere d'arte o incollaci sopra riproduzioni di quadri famosi. Per incorniciare i tuoi quadretti, utilizza piccole strisce della plastica adesiva che ti è servita per fare gli infissi delle finestre (e, se vuoi, modificane il colore).

Vasellame e suppellettili: per creare oggetti di vario tipo, puoi ricorrere alla pasta di sale. È semplicissima da preparare: basta avere sale e farina (in parti uguali, misurandole a cucchiai) e acqua e mescolarli fino a che non si crea una pasta morbida e plasmabile. Per un risultato ancora migliore, unisci qualche goccia di colla vinilica. Con questa pasta e con l'aiuto di pochi piccoli attrezzi (matite, stuzzicadenti, forbicine piccole) puoi creare vasetti di ceramica, cesti di frutta, animaletti, un bel pallone da mettere in camera, una piccola lampada, un servizio di piatti e da tè e tutto ciò che ti suggerisce la fantasia dell'arredatrice. Infine dipingi le varie creazioni e ricoprile con una vernice trasparente.

Infine, vuoi completare la tua cucina dandole un sapore country? Fai incetta di tappi di metallo, di tappini di detersivo o di dentifricio e colorali con una vernice dorata, in modo che assumano una sfumatura simile a quella del rame. Con la punta delle forbici facci un forellino e appendili alle pareti, proprio come si fa con le vere suppellettili in rame.

Sezione VI

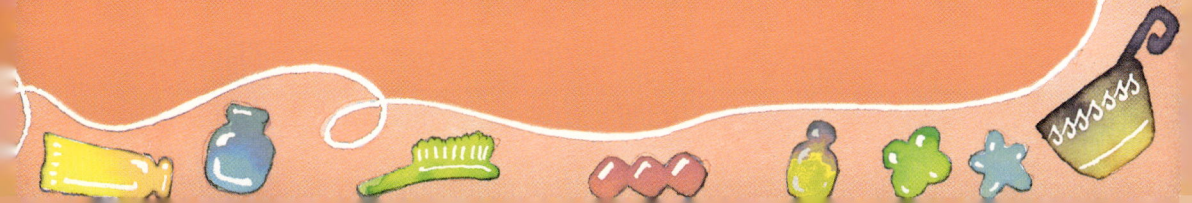

In cucina

Primi passi in cucina

Cucinare può davvero essere un passatempo divertentissimo, oltre che golosissimo, ma bisogna comunque fare molta attenzione, poiché si maneggiano oggetti delicati e pericolosi (vasi, vasetti, coltelli, coltellini, fornelli).
Ecco alcuni brevi, importanti consigli.

1) Mettiti sempre un grembiule che ti ripari da eventuali schizzi e tieni a portata di mano degli strofinacci. Arrotola le maniche della camicia e, se li hai in casa, usa anche gli appositi manicotti per tenerle su.

2) Quando sei vicina ai fornelli, ricordati sempre di usare ogni cautela: solleva le pentole solo dai manici (che normalmente sono di materiale atermico) e tieni vicino a te presine e guanti da forno.

3) Quando affronti una ricetta, cerca prima tutti gli ingredienti, pesali e mettili bene in vista davanti al tuo piano di lavoro. In questo modo, con ordine, potrai dedicarti alla preparazione senza perdere tempo inutilmente.

4) Prima di iniziare, leggi sempre tutta la ricetta fino in fondo per essere sicura di poter affrontare l'intero procedimento e non scoprire all'ultimo, per esempio, che una torta va messa in forno e tu il forno non ce l'hai!

5) Devi tagliare, affettare, sminuzzare? Fai molta attenzione nell'uso dei coltelli e di tutto quanto è affilato. Accertati che le lame siano sempre rivolte verso il basso e non dimenticare mai di utilizzare come base un tagliere.

6) Hai una pentola da rimescolare sul fuoco? Usa un mestolo di legno e reggi il manico della pentola con una presina per tenerla ferma.

7) Se devi armeggiare con pentole o recipienti bollenti, prepara uno spazio sul piano di lavoro dove metterai un sottopentola o un tagliere, così non rischierai di rovinare nessuna superficie.

8) L'uso del forno merita una cura particolare. Chiedi a un adulto di accenderlo. Non aprire mai lo sportello mentre stai cuocendo il tuo piatto. Fai molta attenzione a tirare fuori i recipienti, usa guanti e presine e fatti comunque aiutare da un adulto.

9) Se è richiesto l'uso di elettrodomestici, chiedi sempre il permesso e, prima di usarli (mettere e togliere le spine, soprattutto), accertati di avere sempre le mani ben asciutte.

10) Prima ancora di cominciare a lavorare, cerca una spugnetta da tenere a portata di mano per i casi di emergenza (schizzi, liquidi rovesciati). Se qualcosa cade su pavimento o materiali delicati, pulisci subito… risparmierai del tempo dopo.

11) Ricordati di pulire sempre tutto dopo l'uso. Se i tempi della ricetta lo consentono, ti conviene lavare gli oggetti mano a mano che li utilizzi, così non ti ritroverai nella confusione più totale e ti sembrerà anche meno pesante riassettare la cucina.

97

Torta salata

INGREDIENTI
- 120 g di farina;
- 2-3 cucchiai d'acqua;
- 30 g di burro; 2 cucchiai d'olio;
- 30 g di lardo o margarina;
- 30 ml di latte;
- 30 ml di panna da cucina;
- 2 uova; sale; pepe;
- 85 g di formaggio (gruviera);
- 120 g di pancetta

♥ Per prima cosa devi accendere il forno e scaldarlo alla temperatura di 200°.

♥ Metti in una ciotola la farina. Taglia il burro e il lardo (o la margarina) a tocchetti e uniscili alla farina. Con le mani, lavora delicatamente l'insieme, cercando di sminuzzare il burro e il lardo e di amalgamarlo alla farina.

♥ Piano piano unisci l'acqua, mescolando finché non riuscirai a ottenere una massa morbida e omogenea, che lavorerai fino a farla diventare una palla, lasciando i bordi della ciotola puliti (se l'impasto fa fatica a staccarsi, significa che è ancora troppo umido, aggiungi allora poca poca farina).

♥ Ora prendi una manciata di farina e spargila su un tagliere, se ce l'hai, oppure sul piano da lavoro.

♥ Prendi la palla dell'impasto e con un mattarello comincia a stenderla, lavorandola in modo omogeneo. Poi tirala fino a formare un cerchio abbastanza regolare, poco più grande dello stampo.

♥ Ora fai aderire la tua pasta allo stampo e poggiala disponendola in modo che aderisca alla tortiera. Elimina gli eccessi di pasta che fuoriescono dallo stampo.

♥ Cuoci la base della torta per 8/10 minuti a 180°.

♥ Intanto taglia a dadini la pancetta e mettila in una padella, facendola rosolare con poco olio (fatti aiutare da un adulto, perché non si bruci).

♥ Quando il fondo della torta è cotto e un po' raffreddato, versaci sopra i dadini di pancetta e cospargi con il formaggio grattugiato.

♥ Con un frullatore, mescola il latte, un cucchiaio rado di farina, la panna, le uova, il sale e il pepe: otterrai un liquido liscio e omogeneo, che dovrai mettere sopra la torta.

♥ Infine, cuoci in forno caldo tra i 180° e 220°, per circa 20 minuti.

Le uova strapazzate

Le uova sono una delle maggiori ricchezze della cucina, non solo per il loro potere nutritivo, ma anche perché si prestano a essere cucinate in molteplici maniere.

Le uova strapazzate sono assai facili da realizzare e hanno il grande pregio che, variando pochi ingredienti, possono davvero accontentare tutti i gusti ed essere molto sfiziose.

INGREDIENTI (PER UNA PORZIONE)
- 2 uova;
- 1 pezzettino di burro (circa 30 g);
- 2 cucchiai di latte;
- 55 g di pancetta (puoi scegliere quella affumicata che è più saporita);
- un po' di prezzemolo;
- qualche fettina di mortadella;
- dadini di peperone (rosso e verde);
- sale; pepe; olio

♥ Per il preparato base, metti le uova in una ciotola. Aggiungi il latte, il sale, il pepe e sbatti tutti gli ingredienti, mescolandoli.

♥ Intanto fai fondere il burro in un pentolino. Muovi la pentola con attenzione, facendo girare il burro per tutto il fondo.

♥ Metti le uova sbattute nel pentolino e inizia a mescolare subito, perché non si attacchino.

♥ Continua delicatamente finché le uova non si saranno rapprese quasi del tutto, rimanendo però di consistenza morbida.

♥ Per fare le uova alla pancetta e peperoni, basta affettare finemente i peperoni (fatti aiutare da un adulto) e cuocerli in una casseruola con un filo d'olio.

♥ Aggiungi i peperoni e la pancetta a dadini al composto delle uova e versa il tutto in un pentolino, con il burro fuso.

♥ Cuoci come descritto precedentemente e, quando è pronto, aggiungi il prezzemolo sulla frittata ancora calda.

La pizza

Ecco un modo per cucinare delle buone pizze da offrire ai tuoi amici più golosi.

INGREDIENTI (PER 4 PIZZE)
- 225 g di farina autolievitante;
- 55 g di burro;
- 7-8 cucchiai di latte;
- una scatola di conserva;
- olive nere; capperi;
- funghi affettati; formaggio; salsiccia
- e tutto quello che vorresti come condimento;
- sale; pepe; origano; concentrato di pomodoro

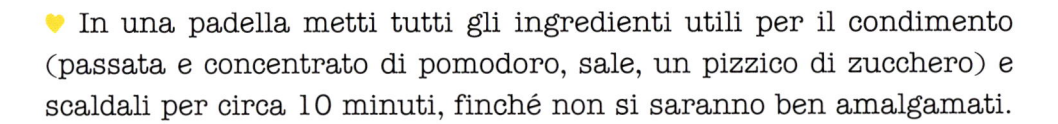

♥ In una padella metti tutti gli ingredienti utili per il condimento (passata e concentrato di pomodoro, sale, un pizzico di zucchero) e scaldali per circa 10 minuti, finché non si saranno ben amalgamati.

♥ Fai accendere a un adulto il forno e scaldalo a circa 220°. Intanto lavora la farina, il burro e il sale con le dita.

♥ Quando il composto sarà amalgamato, aggiungi il latte mescolando. Potrai infine formare una palla di pasta liscia. Dividila in quattro palline.

♥ Ora con il mattarello, stendile fino a formare dei cerchi di diametro massimo di 14 cm.

♥ Imburra una piastra da forno, metti dentro i tondi di pasta e cospargili del condimento scelto, ricordando di lasciare un bordo esterno di circa 1 cm non condito.

♥ Aggiungi, infine, il condimento scelto (salsiccia, olive, formaggio... o tutto quello che vuoi!).

♥ Metti le pizzette nel forno già riscaldato a 200° e cuocile per circa 15-20 minuti.

Casa, dolce casa...

IngredientI
- 450 g di burro; 340 g di zucchero a velo;
- 225 g di zucchero; 4 cucchiaini d'acqua;
- 4 uova; 3-4 cucchiai di latte;
- 225 g di preparato per torte con lievito incorporato
- (lo trovi nei supermercati);
- succo e scorza di mezzo limone;
- wafer, praline, cioccolatini, pastiglie di cioccolato

♥ Lavora 225 g di burro e 225 g di zucchero insieme finché il composto non diventa morbido, aggiungi le uova una alla volta, incorporandole con acqua bollente (un cucchiaino per ciascuna).

♥ Aggiungi il preparato per torte lentamente, mescolando con un mestolo di legno. Infine unisci il succo e la scorza del limone.

♥ Metti il composto in una tortiera quadrata (lato di 17 cm). Se vuoi evitare che, con la cottura, il dolce si gonfi al centro, pratica un piccolo incavo prima di infornarla. Lasciala cuocere per circa un'ora alla temperatura di 175°. Quando la torta è pronta, falla raffreddare su una gratella.

♥ Mentre il dolce si raffredda, prepara la glassa con 225 g di burro, 340 g di zucchero a velo e 3-4 cucchiai di latte. Lavora prima il burro fino a renderlo morbido e poi, piano piano unisci lo zucchero, amalgamando e aiutandoti con il latte. Quando la consistenza diventa densa e cremosa, la glassa è pronta.

♥ Ora prepara la casetta. Prendi il dolce e tagliane un terzo (1). Poi taglia questa fetta lungo la diagonale (2): otterrai due "piramidi" con cui formare il tetto (3). Attenzione: taglia con molta delicatezza il dolce per non rovinare le varie parti.

♥ Costruisci la casetta, incollando i vari pezzi con la glassa e, sempre con la glassa, ricopri tutta la torta.
Decora la casina con pastiglie di cioccolata, pezzi di wafer, gelatine e biscottini facendo la porta, le finestre e il tetto.

Sezione VII

Festa!!!

Un invito speciale

OCCORRENTE
- cartoncino di medio spessore;
- carta riciclata bianca o colorata;
- semi di vario tipo (anche il comunissimo mais crudo o le lenticchie e persino il riso!);
- cordoncino colorato;
- matita;
- righello;
- colla vinilica

♥ Ritaglia il cartoncino in modo che abbia una dimensione di circa 15 x 20 cm e piegalo a libro.

♥ Dalla carta riciclata ricava un quadrato di 6 cm di lato e un rettangolo di 8 x 10 cm.

♥ Traccia una figura stilizzata sul quadrato (potrebbe essere, per esempio, il contorno di una teiera).

♥ Incolla il quadrato nella parte davanti del cartoncino (che sarà come una "copertina"), possibilmente posizionandolo abbastanza in alto, in modo che abbia uno spazio ampio sotto di sé.

♥ Ora incolla i semi seguendo i contorni del disegno e alternando i diversi tipi a seconda del colore.

♥ Nella parte vuota della copertina, con un segno leggerissimo, scrivi in corsivo *Invito* oppure *W il Tè*.

♥ Stando molto attenta, stendi un filo di colla sulla scritta e posizionaci sopra il cordoncino.

♥ Infine, prendi il rettangolo di carta che hai preparato prima, scrivici il testo del tuo invito e incollalo all'interno del cartoncino, posizionandolo bene al centro.

Ma che bel servizio da tè...

Per il momento del tè, devi certamente pensare a come "vestire" la tavola, sia per non correre rischi di sporcare ovunque, sia per rendere ancora più bello l'appuntamento con le tue amiche.
Ecco un'idea per non usare la solita tovaglia e per far esprimere tutta la tua fantasia: un servizio all'americana fatto con la carta!
Per servizio all'americana s'intende una serie di tovagliette (una per ciascuna tua ospite) più, eventualmente, quelle utili per appoggiare la scatola dei biscotti o la torta...

Occorrente
- carta crespa o velina colorata
- (la quantità dipende da quante invitate hai);
- forbici; matita;
- compasso; squadra o righello

♥ Ritaglia un quadrato di 40 cm di lato. Piegalo in due e fai un segno con la matita sulla piegatura a circa 8 cm da una delle due estremità.

♥ Metti la punta del compasso sopra il segno e aprilo fino a che la mina non sia sul bordo del foglio. Con questa apertura traccia un cerchio leggero. Sul lato del foglio opposto alla piegatura, fai un altro piccolo segno a 8 cm dall'estremità e, con una squadra, congiungi i due punti, avendo sempre cura di usare un tratto delicato.

♥ Ora con molta attenzione taglia la tovaglietta partendo dal secondo punto. Quando arrivi al punto in cui la linea incontra il cerchio, arrotonda l'angolo e prosegui seguendo la circonferenza.

♥ Piega all'interno su se stesso il quarto di cerchio che emerge dalla tovaglietta.
Con la matita disegna a distanza regolare alcuni triangoli sul bordo in alto e di lato, solo fino alla chiusura del cerchio. Con le forbici taglia accuratamente questi triangolini.

♥ Piega il lato opposto alla prima piegatura e traccia altri triangolini sul bordo, sempre a distanze regolari.
Ora puoi aprire la tua tovaglietta: a seconda del numero e della grandezza dei triangolini potrai avere un bellissimo effetto pizzo.

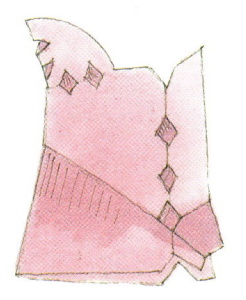

♥ Con le tecniche della piegatura e dei tagli ti puoi inventare tante altre possibilità come, per esempio, il centrotavola (piegando un foglio quadrato in quattro, smussandone gli angoli, ripiegandolo ancora fino a renderlo simile a una "fettina di torta" e poi facendo tanti piccoli tagli).

Allegria a centrotavola!

Occorrente

- carta da lucido; carta crespa rossa;
- carta crespa nera;
- acquerello o pastello nero;
- cotone idrofilo;
- filo di ferro sottile da fiorista;
- fili di ferro grossi da fiorista (lunghi 30 cm e 37,5 cm);
- nastro adesivo verde da fiorista

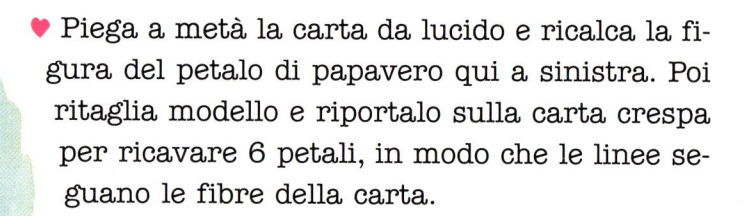

♥ Piega a metà la carta da lucido e ricalca la figura del petalo di papavero qui a sinistra. Poi ritaglia modello e riportalo sulla carta crespa per ricavare 6 petali, in modo che le linee seguano le fibre della carta.

allineare con la piega

♥ Tira delicatamente ciascun petalo verso l'esterno con pollice e indice, dandogli forma.

♥ Ritaglia nella carta crespa nera una striscia di 2,5 x 20 cm, andando nel verso contrario alla fibra della carta. Poi, lungo uno solo dei lati, ritaglia delle frange di 1 cm nel senso della carta.

♥ Piega come nel disegno un'estremità del filo di ferro grosso e infila il filo metallico sottile nell'occhiello, avvolgendolo lungo il gambo. Ricopri l'occhiello con un pezzettino di cotone idrofilo e fissalo, avvolgendoci l'estremità rimasta del filo di ferro sottile.

♥ Ritaglia dalla carta crespa nera un cerchio e avvolgilo intorno al cotone, fissandolo con filo metallico sottile. Mettigli ora attorno la strisciolina con la frangia rivolta verso l'alto.

♥ Ora, con attenzione, disponi i petali uno dopo l'altro, sovrapponendoli leggermente, e avvolgili attorno al pistillo fino a creare tutta la corolla.

♥ Ferma il tutto con il nastro adesivo, ruotandolo attorno al gambo.

♥ Trova una bella bottiglia o un vaso ed ecco il tuo centrotavola per la festa!

Candele galleggianti

Vuoi creare l'atmosfera giusta per il tuo tè? Questa idea necessita dell'aiuto di un adulto, ma è di grande effetto!

OCCORRENTE (PER 8 CANDELE)
- 1 kg di cera in granuli;
- 8 stoppini lunghi 5 cm;
- 1/4 di disco di tintura per cera, del colore che vuoi; un termometro da cucina;
- una formina o uno stampino tondo da pasticciere (diametro 5 cm);
- carta oleata

♥ Poni la cera in un pentolino, a sua volta collocato dentro una piccola casseruola con qualche dito d'acqua. Fai sciogliere la cera a bagnomaria a 71° (controlla con il termometro). Aggiungi la tintura e mescola in modo da amalgamare bene.

♥ Immergi gli stoppini in modo che si ricoprano di un velo di cera e lasciali asciugare.

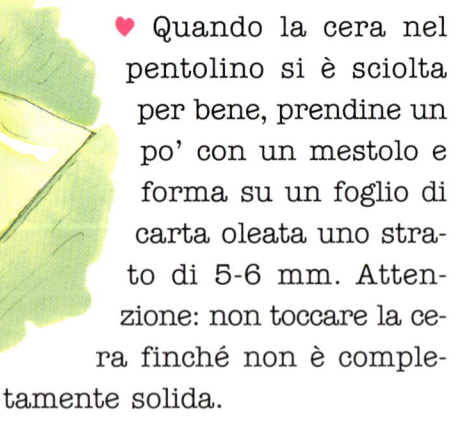

♥ Quando la cera nel pentolino si è sciolta per bene, prendine un po' con un mestolo e forma su un foglio di carta oleata uno strato di 5-6 mm. Attenzione: non toccare la cera finché non è completamente solida.

♥ Con la formina da pasticciere ricava dallo strato 8 cerchi e pratica al centro un foro, inserendoci poi lo stoppino. Per fermarlo, usa una piccola goccia di cera calda.

♥ Versa ancora dell'altra cera sulla carta oleata. Quando è morbida (ma già solidificata), con un coltellino ricava dei piccoli petali e disponili intorno allo stoppino.

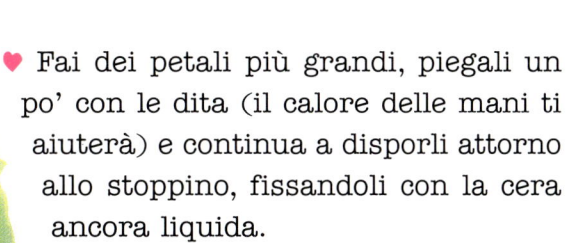

♥ Fai dei petali più grandi, piegali un po' con le dita (il calore delle mani ti aiuterà) e continua a disporli attorno allo stoppino, fissandoli con la cera ancora liquida.

♥ Per arrivare a completare un fiore, ci vogliono circa 8-10 petali, di misure diverse.

♥ Terminato il fiore, taglia gli stoppini in modo che non emergano troppo e che siano della stessa misura.

♥ Infine disponi le candele in una bacinella piena d'acqua.

Una romantica lanterna

Occorrente
- carta crespa (marrone e in due altri colori a scelta);
- cartoncino colorato;
- forbici (meglio quelle con la punta arrotondata);
- colla stick;
- un compasso o un vaso tondo del diametro di circa 8-10 cm

♥ Disegna sul cartoncino due cerchi servendoti del compasso o del vaso. Dallo stesso cartoncino ritaglia 9 strisce larghe 1,5-2 cm (tutte uguali, naturalmente) e lunghe 24 cm.

♥ Incolla le strisce sul primo cerchio, a uguale distanza l'una dall'altra. Appoggia il secondo dischetto sul primo, dopo averlo ben cosparso di colla. Così facendo, ti sarai assicurata una buona tenuta della lanterna.

♥ Dal cartoncino ritaglia ancora un'altra striscia, alta sempre 1,5-2 cm, ma lunga 48 cm. Con precisione, ora, devi incollare l'estremità delle striscioline a questa striscia, come illustrato nel disegno.

♥ Poi dalla carta crespa ricava altre strisce (3 cm di larghezza e 50 cm di lunghezza), due per ogni colore scelto, e comincia a farle passare tra una striscia di cartoncino e l'altra, come per intrecciare un cesto. Per fermarle, incollale poi al cartoncino marrone.

♥ Con la carta crespa marrone ricava altre strisce uguali a quelle di cartoncino usate per i fianchi della lanterna e incollale sopra queste. Se vuoi, ricopri anche quella del bordo della lanterna (1,5-2 x 48 cm).

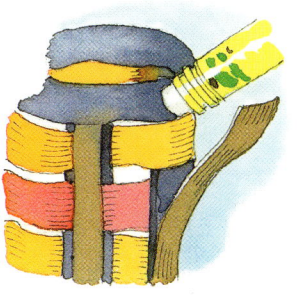

♥ Dal cartoncino taglia poi un'ultima striscia larga 3 cm e lunga 30, che ti servirà per fare il manico. Incollala a due estremità della lanterna e ora... non ti manca che una candelina scalda-vivande e l'atmosfera è pronta!

Tovaglioli artistici

Vuoi stupire i tuoi genitori o le tue amiche? Porta un po' d'eleganza in tavola, con modi diversi e originali di piegare il tovagliolo.

A candela

♥ Piega il tovagliolo in diagonale, formando un triangolo.
♥ Volta in su uno dei lati.
♥ Gira il tovagliolo e arrotola l'altro lato, in modo che sia ben stretto.
♥ Per fermarlo, infila l'angolo destro nel lato piegato.

A fior di loto

♥ Piega i quattro lati del tovagliolo verso il centro.
♥ Giralo e piega di nuovo i lati ancora verso il centro.
♥ Tieni fermo, con le dita o con un peso, il centro del tovagliolo così piegato e tira verso l'esterno le punte delle piegature in modo da sollevare gli angoli e rivoltarli verso di te.

A tasca

♥ Piega il tovagliolo a metà e poi ancora a metà, formando un quadrato.
♥ Forma un triangolo, piegandolo diagonalmente, e disponilo con la piegatura (il lato più lungo) verso il basso.
♥ Piega in giù il lato superiore del tovagliolo, formando un risvolto.
♥ Fai la stessa cosa con le altre punte, senza fissarle. Ora puoi infilare nella tasca più alta (formata dall'ultima punta e dalla penultima piegatura) un mazzolino di fiori o un ricordino da lasciare ai tuoi ospiti.

Il tè

Il tè è una bevanda conosciuta e apprezzata in tutto il mondo e ha origini lontanissime nel tempo. In alcuni paesi (come l'Inghilterra o il Giappone) rappresenta un vero e proprio rito, in cui ogni minimo particolare, dalle tazzine (o ciotole, in Oriente) al modo di servirlo, deve essere studiato e curato.

Se inviti le tue amiche a un tè pomeridiano, ricordati di servirlo con cura, accompagnando la teiera in tavola con fettine di limone o latte, in modo che ciascuna invitata possa scegliere come preferisce.

Esistono vari tipi di tè aromatizzato con erbe e sapori particolari. Uno dei più diffusi è senza dubbio il tè verde che, secondo la tradizione cinese, non dovrebbe mai essere fatto mettendo le foglie in un colino o nell'ovetto di acciaio, ma lasciandole in infusione nell'acqua bollente, per permettere loro di sprigionare tutto l'aroma.

Un altro tè davvero gustoso e particolarmente indicato contro l'arsura estiva è il tè alla menta, caratteristico della cultura araba. La menta rende questo tipo di bevanda adatto sia alla stagione fredda sia a quella calda, poiché ha proprietà riscaldanti e, allo stesso tempo, rinfrescanti.

Fiore di tè

Foglie di menta

Infine, ecco un suggerimento per preparare un altro tè in origine importato dal Canada e oggi assai diffuso e apprezzato per il suo aroma piacevole e stuzzicante: il tè alla pesca.

Procurati una pesca gialla matura, una bustina o due di tè, un po' di zucchero. Taglia la pesca, sbucciala e mettine i pezzi nella teiera con una bustina o due di tè (dipende da quante invitate hai!). Quando l'acqua bolle, versala nella teiera, mescola bene e servi. Il tè alla pesca è ottimo anche come bibita dissetante durante l'estate. Basta semplicemente lasciarlo raffreddare in una caraffa con i pezzi di pesca e zucchero.

Le faccette biscottate

INGREDIENTI
- 300 g di farina;
- 1/2 cucchiaino di sale;
- 180 g di burro;
- 200 g di zucchero;
- 1 uovo sbattuto;
- 60 g di cioccolata fondente;
- colorante rosso per alimenti

♥ Mescola sale e farina. Lavora lo zucchero e il burro fino ad avere una bella crema dorata, morbida a cui devi aggiungere l'uovo sbattuto. Unisci la crema al composto di farina e sale e amalgama. Chiedi a un adulto di far sciogliere la cioccolata a bagnomaria (in un pentolino dentro a un altro pentolino con poche dita d'acqua).

♥ Dividi il composto in tre parti. A una di queste aggiungi la cioccolata fusa, fanne una pallina e ponila in frigorifero per circa 15 minuti.

♥ Metti qualche goccia di colorante per alimenti in un'altra frazione del composto, che diventerà rosa. Lascia la terza del colore originale.

♥ Ora hai tre palline di pasta di tre colori diversi.

♥ Inizia a spianarle una alla volta con l'aiuto del mattarello, fino a raggiungere uno spessore di circa 5-6 mm.

♥ Con una formina tonda da pasticcere ricava tanti cerchi da quella non colorata.
Da quella rossa e da quella marrone, potrai ricavare i particolari per creare tanti buffi personaggi.

♥ Applica tutti i pezzi sopra ai cerchi, ricavando occhi, nasi, bocche e capelli e trasferisci su una piastra da forno precedentemente imburrata.

♥ Cuoci per 10 minuti a circa 180°.

♥ Con lo stesso procedimento ti puoi sbizzarrire inventando altri particolari e diversificando la pasta con svariati colori, creando dei biscotti-bambolina con tutto il corpo e mille altre idee!
Buon divertimento e... poi buon appetito!!!

La crostata

INGREDIENTI
- 500 g di farina;
- 250 g di burro;
- 200 g di zucchero;
- 3 uova;
- scorza di limone grattugiata;
- pizzico di sale;
- marmellata di tuo gradimento

♥ Disponi sul tagliere, o su un piano di lavoro infarinato, la farina a piramide e fai un buco al centro (la cosiddetta "fontana").

♥ Mettici dentro il burro (che un adulto avrà fatto ammorbidire sul fuoco poco prima), le uova, il sale e la scorza di limone.

♥ Lavora con le mani gli ingredienti, cercando di essere veloce nell'amalgamarli. Attenzione: non far sbriciolare l'impasto! Quando è bello compatto, forma una palla, avvolgila nella pellicola trasparente o in carta argentata e lasciala in un luogo fresco per almeno mezz'ora.

♥ Poi, prendi l'impasto di "pasta frolla" e stendilo con il mattarello, in modo da formare una sfoglia spessa 5 mm.

♥ Appoggiala sulla tortiera, che prima avrai imburrato, e falla aderire, togliendo l'eventuale pasta in eccesso.

♥ Con una parte degli avanzi fai un cordoncino, lavorandolo con le mani, e ponilo lungo il bordo dello stampo.

♥ Con il resto degli avanzi forma un'altra palla e stendila con il mattarello. Poi ricava tante striscioline di pasta frolla, larghe circa lo spessore di un dito.

♥ Versa all'interno della torta la marmellata che preferisci e disponici sopra le striscioline di pasta frolla, formando un reticolato.

♥ Metti la crostata nel forno a 200° per circa 30 minuti.
Buon appetito!